Crecer para Ganar

Pensando fuera de la caja

Dr. ANÍBAL P. SANTORO

Título original:
Crecer para Ganar
Pensando fuera de la caja
1ª edición, enero de 2024

Diseño de portada y arte gráfico: Aníbal Pedro Santoro
Revisión del contenido: Claudia Behn-Eschenburg
Revisión de estilo: Romina M. Santoro Behn-Eschenburg
y Alessandro V. Santoro Behn-Eschenburg

Editorial THINSCEN - The Inner Strengthening Center
10600 NW 88th St – Apt. 206
Doral, Florida, 33178, USA
www.thinscen.com info@thinscen.com

Puedes contactar al autor y conocer sobre su trayectoria en:
mybooks@dr-anibalsantoro.com dr-anibalsantoro.com

Hecho en Estados Unidos de América por:
THINSCEN - The Inner Strengthening Center - Publishing House

ISBN 978-1-961728-15-8

Crecer para Ganar

Pensando fuera de la caja

Dr. ANÍBAL P. SANTORO

THINSCEN

Aníbal P. Santoro nació en la Ciudad de Buenos Aires, Argentina, en 1960. Es doctor en psicoanálisis, maestro en psicoterapia psicoanalítica, experto en metapsicología e investigación psicoanalítica desde una perspectiva centra-da en el individuo y su realidad esencial. Además, es coach certificado ejecutivo y de equipos, autor y conferencista.

Acumula más de 20 años de experiencia, siendo cocreador de la teoría OntoPsiquis®, eje de su escuela de psicoanálisis onto-humanista, en base a la cual ha presentado trabajos innovadores e impartido cursos y conferencias magistrales en congresos internacionales.

Es cofundador y director de THINSCEN, The Inner Strengthening Center en Miami, Estados Unidos, acompañando a personas a lograr transformar sus vidas a nivel personal y profesional.

Es coautor de los libros "*EneaPsiquis, una entre nueve*", los dos volúmenes de "*OntoPsiquis - Más allá del eneagrama y el psicoanálisis*", titulados "*La esencia de tu ser*" y "*Tus fortalezas dinámicas*", es autor de "*NOSOTROS: Manual para comprender tu vida*", y escribe mensualmente en revistas de Latinoamérica y del sur de Florida, Estados Unidos.

Escanea este código QR, o accede a
https://dr-anibalsantoro.com

Agradecimientos

A mi esposa, socia y colega Claudia Behn-Eschenburg, por seguir siendo compañera de sueños con los que construimos oportunidades para todos y, en especial, por la lectura crítica que ha hecho de este trabajo y por darme sugerencias con las que he podido mejorarlo.

A mis hijos, porque con su existencia me fueron permitiendo descubrir que quería para ellos más allá de lo que la realidad les ofrecía.

En particular a Romina y a Alessandro, por aportarme un rumbo posible al compartirme su parecer sobre el arte y el diseño gráfico que yo estaba proponiendo

A mis clientes, pacientes y alumnos, por recibir, aceptar y querer continuar su proceso llamado vida teniendo a nuestra teoría OntoPsiquis® como base y referencia.

Dedicatoria

A todos los que rescatan fuerzas y
voluntad para seguir creciendo
sin importarle las dificultades
ni las circunstancias
que tengan que enfrentar
en este creativo proceso
llamado vida.

Índice

"La felicidad
es interior, no exterior;
por lo tanto, no depende
de lo que tenemos,
sino de lo que somos"

- Henry Van Dyke -

“Tu tiempo es limitado,
no lo malgastes
viviendo la vida
de otra persona”

- Steve Jobs -

Introducción

Este es un libro acerca de crecimiento personal, en el que el título pudiera estar regalándote una meta o una ilusión, un objetivo o una esperanza, porque crecer es algo inherente a la vida.

Sin embargo, tienes que saber que ir tras tu crecimiento personal puede ser la trampa que te mantenga retenido en una búsqueda interminable por alcanzar tu realización.

Sé que parece un contrasentido que te presente mi trabajo, esto que he compilado y organizado en estas páginas para ti, de un modo que poco podría motivar.

Créeme, tengo mis motivos para hacerlo de este modo y, en las próximas páginas, te mostraré un territorio inexplorado para que, quizás, te quieras atrever a ir dejando tus huellas en él mientras construyes tu propio camino.

No el mío, y tampoco el camino que a los demás les conviene.

El tuyo, porque se trata de tu vida.

Se puede crecer de muchas maneras, y todas se alimentan de tu energía vital, así como te puedes engañar creyendo que estás creciendo tan sólo porque ves y mides los sobrehumanos esfuerzos y el empeño que haces para lograrlo.

Este trabajo está basado en la teoría que desarrollé con la Dra. Claudia Behn-Eschenburg, que llamamos OntoPsiquis y que volcamos en los dos tomos de "*OntoPsiquis, más allá del eneagrama y el psicoanálisis*".

El contenido de *Crecer para Ganar* está presentado en capítulos, relativamente, cortos, y está estructurado según una lógica que persigue un único objetivo, que es el de ayudarte a abrir tus puertas para que te animes a dar ese paso que te sacará hacia esa otra realidad que buscas al iniciar tu proceso de crecimiento personal.

En los títulos de cada capítulo encontrarás preguntas y propuestas escondidas y, a la vez, a la vista. El motivo es simple.

Cuando "ves" escrito algo que quizás ya habías pensado, se abren en tu mente canales hacia lo posible.

Como si, de repente, lo que pensabas y reprimías se enfrentara con un tácito permiso, uno que no te dabas porque habías incorporado que eso no era lo correcto.

Mientras vayas leyendo muy probablemente también irás sincerándote contigo.

Esto último es una parte vital en tu proceso, porque no se puede crecer mientras lo haces en una mentira que te ha sido y que te es ajena.

Como parte resultante de otro proceso cultural, que es el de tu institucionalización para que aprendas cómo se forma parte de tu sociedad y qué se espera de ti, día tras día has ido incorporando capas con las que se ha ocultado tu esencia.

Sin embargo, por ser tu esencia, la misma sigue y seguirá siendo parte tuya a lo largo de toda tu vida.

Si no estás a gusto contigo, con lo que has vivido o con el rumbo que estás transitando, es altamente probable que te has estado desarrollando en esas capacidades y destrezas que a otros les resultaban interesantes, pero que te alejaron de ti.

Cuando el desarrollo humano se da sobre las bases y los intereses de otros, haciendo que te fortalezcas en aquello que te lleva a alejarte de tu eje vital, de quien naciste siendo y de quien habrías podido llegar a ser, de haber tenido la oportunidad de manifestarte en plenitud, es la trampa.

Si te permites verlo (por favor, presta atención a que he vuelto a utilizar un verbo relacionado con el permiso) también podrás ver que todas o la gran mayoría de las evaluaciones a que te has sometido y te sometes, disfrazadas tras cuestionarios y pruebas para "medirte", solamente persiguen el objetivo de rescatarte como pieza útil de un engranaje infinito.

Ser parte de un sistema exige que cumplas correctamente tu función para que se pueda alcanzar el objetivo.

Sin embargo, no existe ningún sistema que pueda ofrecer un lugar a la medida y específico para cada persona tal y como es la misma.

Ese esfuerzo, para acomodarte y encajar en un sitio que no es tuyo, corre por tu cuenta, como también son tuyos los costos que te exige ese "sacrificio" que haces por pertenecer.

Por si no hubiese quedado en claro, reflexiona sobre el hecho de que cuando te alejas de ti esperando que te reciban y acepten, lo único que estás haciendo es construir una máscara acorde a cada papel que se te pide que desarrolles. Una máscara intercambiable y desechable tras la cual desapareces cada día, en una secuencia infinita que te pone en crisis.

Fortalecerte y superar esa crisis es posible, cuando te decides a "des-cubrirte" para volver a ti, para volver a conocerte, para "re-conocerte".

Ahora nos toca hacer la tarea de construir

puentes entre tú yo.

De mi parte, te ofrezco en estas páginas un camino hacia la posible comprensión de aquello con lo que has colaborado y que te ha alejado de ti.

De tu parte, quizás quede el que encuentres el permiso para darte una oportunidad de revisar todo lo que has vivido, lo que has aprendido y si el sitio en el que hoy te encuentras está en sintonía contigo.

No se puede modificar ni resolver una situación problemática persistente que no te agrada repitiendo las soluciones que te han enseñado que son las que se deben utilizar.

A través de la lectura te irás encontrando con ejemplos y frases que espero te estimulen y te brinden el permiso para que te dejes llevar por tu curiosidad. La idea es que puedas comenzar a cuestionar lo que sabes, lo que crees que sabes y lo que te imaginas que es importante que sepas para, así, poder comenzar a liberarte de las ataduras culturales con las que te han venido conteniendo.

Dado que es un libro inteligente, hallarás códigos QR que te permitirán explorar lo que te ofrezco con mayor profundidad, para favorecer la comprensión y respaldar tu proceso de cambio, o, mejor dicho, de retorno a ti.

Crecer es inevitable.

Ganar es la consecuencia esperada cuando se crece.

Pero, ¿qué es crecer y qué se gana cuando se gana?

Acompañémonos, para que así pueda ofrecerte mi punto de vista y tú puedas descubrirte mientras creces, teniendo más claridad acerca de qué es lo que quieres ganar en tanto eso sucede.

Dr. Aníbal P. Santoro

¿Crecer?

Por favor, no te desconciertes.

Esta pregunta es obligada para exigirte que te detengas en la vertiginosa carrera que te impones ganar con el propósito de alcanzar tus metas.

El objetivo del cuestionamiento es sencillo y tan claro que el hecho de tener que enfrentarlo suele ser conflictivo.

Permíteme que me explique.

Crecer es un proceso natural y, por lo mismo, no debiera existir alguna sugerencia acerca de cómo debe hacerse; sin embargo, lo común es buscar y encontrar consejos o guías para llevarlo a cabo.

¿Qué es lo que sucede con nosotros que, en apariencia, no podemos crecer sin que alguien nos indique el camino?

Al intentar responder esta pregunta le damos cabida a aquello conflictivo que te había anticipado, porque nadie nos dijo, mientras crecíamos, que podíamos descubrir, respetar y utilizar nuestra fuerza vital.

Antes que pienses en algo mágico, aclarando que estás en pleno derecho de hacerlo si así lo quisieras, considera el proceso de crecimiento de un árbol con y sin un tutor que guíe su dirección.

Si has tenido la oportunidad de ver el progreso diario desde la semilla germinada, quizás te haya llamado la atención ver cómo ese débil tallo que surgía desde la tierra se iba inclinando hacia la luz del sol.

Si la germinación fuese en interiores, por ejemplo, cerca de una ventana, los continuos cambios pudieron haberse notado aún más.

No importa la orientación que uno le quiera imponer a esa planta en formación.

Veamos dos formas en las que comúnmente se pretende "orientar" el crecimiento de una planta.

La primera es el del clásico tutor.

Por si no estás familiarizado con este método, te comento que es la utilización de una varilla de madera, metal o algún otro material resistente, que se adosa al tallo para que vaya endureciéndose mientras sigue un patrón determinado.

Ese tallo que luego será un tronco tiene limitadas sus posibilidades de crecimiento por imposición de un elemento que le restringe sus grados de libertad.

Claro que la fuerza de la naturaleza es incontenible y, tarde o temprano, el tronco vence al patrón y sigue su propio rumbo, aunque lleva en su forma visible la huella del accionar de un tutor que lo quiso "enderezar".

La otra forma de intentar encauzar el poder que es propio de una vida naciente es el de utilizar sus capacidades naturales para seguir al sol.

Si a diario se gira la maceta en la que se ha germinado una semilla, buscando que el tallo crezca en una dirección específica que suele ser vertical y perpendicular a la superficie de la tierra, la respuesta de ese ser vivo siempre es la misma: vuelve a cambiar su rumbo buscando la fuente de luz vital que le permita utilizar de forma más eficaz sus recursos para poder crecer.

A estas alturas, es posible que hayas asociado tanto a la varilla que pretende enderezar como a la acción diaria de modificar la ubicación de la maceta para forzar un resultado, con el proceso formativo que atravesamos al recibir nuestra educación.

Ese pequeño árbol en ciernes es obligado a tener que desperdiciar sus energías en intentos por volver a la dirección hacia donde su crecimiento estaba predeterminado, tan solo porque no era lo que su entorno estaba dispuesto a permitir.

Esas energías habrían sido mejor utilizadas si se hubieran podido destinar desde un inicio al desarrollo de las capacidades naturales.

Ten en cuenta que esto que estamos analizando está en las raíces de la sociedad organizada.

Se trata del individuo o del grupo, los intereses personales o el bien general de la sociedad.

Como ya hemos podido inferir uno de los objetivos de la educación, hay una tendencia muy marcada a que la balanza esté más inclinada hacia la masa social que hacia el lado de la persona y sus necesidades o deseos.

Ahora pudiera ir quedando más en claro el motivo de este capítulo, ya que es importante, y hasta me atrevo a decir que es vital, que descubras si el proceso de crecimiento personal que estás buscando, necesitando o queriendo iniciar y transitar responde a tus intereses o a los que te han inculcado que son los que importan.

No hay juicios, sea lo que sea que hayas alcanzado como conclusión, porque, como te mostraré más adelante, hay muchas maneras de ser con independencia casi completa de lo que has vivido, de lo que has aprendido y de lo que te ha tocado vivir.

¿Quieres crecer?

Por supuesto que sí, y lo vas a hacer porque ya lo vienes haciendo desde que te concibieron.

Tu único esfuerzo ahora es el de ganar consciencia acerca de que tienes el poder y la libertad para elegir tu territorio.

Para ello tienes que descubrir y contactar con las características naturales que te son propias, esas que en OntoPsiquis llamamos "tus fortalezas dinámicas".

Como te comenté en la introducción, este libro está basado en la teoría OntoPsiquis, en la cual se describen 56 formas esenciales, naturales y normales de ser que tienen necesidades primarias diferentes y, por lo mismo, motivaciones distintas para encarar la vida, para responder a sus exigencias y para elegir cómo, en dónde y cuándo aplicar su fuerza vital para crecer.

Sí.

Esta es, básicamente, la primera conclusión a la que llegamos gracias a este capítulo:

> Nadie tiene el derecho de hacerte a su imagen y semejanza, aunque se llame pareja, padres, congregación o Estado.

Dr. Aníbal P. Santoro

¿Motivarme?

Para acompañarte en este camino hacia tu encuentro contigo en otro nivel, has tenido que tener ganas de cambiar algo en tu vida.

Ese es el motivo (no extraña la coincidencia por la que elegí usar esta palabra) por el cual es necesario que te traiga un capítulo, breve, pero lo más profundo que podamos presentar.

Hace ya algunos años, tuve que escribir una cátedra, para una universidad, acerca del desarrollo humano y uno de los ejes que tenía que tratar era la motivación.

En esa oportunidad, me encontré con que las distintas escuelas de motivación y de liderazgo, a lo largo de los años, surgían defendiendo su posición como si fuese o se tratase de una verdad absoluta.

Siempre recuerda que "en lo único en lo que todos somos iguales es en que todos somos diferentes".

Con esta certeza como guía, resultaba obvio para mí que ninguna escuela tenía la razón "absoluta", aunque sí parte de la misma.

El problema está en que una misma palabra representa una necesidad del motivador a ser reconocida y una acción sobre el motivado que debe ser aplicada y llevada a cabo.

Y se volvió más complejo aquello que aparentaba ser simple de ser enseñado.

Veamos los términos que han ido apareciendo.

Podemos llamar motivación a todo aquello que es capaz de provocar, sostener y dirigir la conducta hacia un objetivo.

Desde esta concepción de lo que es la motivación vemos que la misma "debe" provocar.

¿Qué es lo que debe provocar?

Una reacción que se espera sea en el sentido de aquello que se buscaba lograr.

Hay un segundo elemento en la breve definición que te ofrecí, que es la necesidad de que lo iniciado "se sostenga" en el transcurso del tiempo.

Parece simple, pero si pudiéramos mirar más allá de las palabras podríamos comprender que se "sabe" que la motivación tiende a decaer y, por ello, son necesarias acciones de refuerzo de la misma que deben durar al menos hasta que se alcance el objetivo buscado.

La tercera parte es, por lo general, la que provoca tanto alianzas y colaboración, como resistencias y abandonos. Me estoy refiriendo a lo referido a "dirigir la conducta".

Suele suceder que la gente motivada necesita guía en vez de dirección y que los no motivados necesitan "recordatorios" que los fuercen a volver al trabajo requerido para que se alcancen los objetivos buscados.

La persona encargada de lograr motivar a una persona o a un grupo es el motivador; sin embargo, la palabra misma vuelve a ser ambigua porque se la puede ver desde más de una perspectiva.

Una de ellas es la obtenida desde ti, desde tu propia persona; estableciéndose que la motivación se refiere a aquello que, siendo externo, atrapa tu interés porque te propone la pregunta "¿Para qué?".

El otro enfoque es el que proviene desde fuera de ti, y se refiere a aquel que necesita generar un movimiento en alguna dirección y para ello intenta detectar o crear necesidades, tanto en ti como en los demás, que puedan llegar a ser satisfechas con tu esfuerzo y el de los otros que te acompañan en esa situación.

Aquí vemos que entras tú en escena.

Sí. Tú y los otros.

Hablamos, entonces, del motivado, siendo toda persona que haya sido capaz de capturar el "para qué" que le sugiere el exterior y se ha puesto en marcha para alcanzar una respuesta.

Pero, cuidado, porque hay una trampa que a veces pasa desapercibida; sobre todo cuando proviene desde alguien que pretende motivar desde una posición de poder.

Se trata del propio motivador cuando exagera y vuelve evidentes sus esfuerzos por motivar

Cuando esto sucede, decimos que el motivador pasa a ser el que está motivado a motivar.

Resumiendo, hablando de aquello que debe o se necesita que sea hecho, nos encontramos con la motivación, el motivador y el motivado.

Ten por seguro que lo que sigue es esa pregunta a la que te irás acostumbrando.

¿Para qué?

¿Qué tiene que ver esto de la motivación y sus elementos con tu crecimiento personal?

Todo.

Es muy común que la gente busque el crecimiento personal en respuesta a exigencias del entorno o a procesos de autocastigo o autodevaluación tras darse cuenta de que ha ido cumpliendo años sin haber logrado lo que otros de la misma edad sí pudieron lograr.

Cuando esto es lo que sucede, nos encontramos ante gente bien educada que ha internalizado, es decir, que ha hecho propios los objetivos buscados durante el proceso de su institucionalización para su incorporación a la sociedad.

Recuerda: para crecer primero tienes que ser.

Pregúntate si sólo eres el buen hijo o hija, esposo o esposa, padre o madre, empleado, ciudadano, o cualquier otro rol necesario para el funcionamiento organizado y regulado de la sociedad en la que vives.

Llegamos, aquí, a una segunda conclusión:

> Previo a iniciar un proceso de crecimiento personal, tienes que poder descubrir qué es lo que realmente te motiva; si eso que anhelas para ti es tuyo o si has comprado lo que el entorno, la cultura y la educación te han vendido y hecho creer que debería ser tu aspiración en la vida.

¿Qué tengo que entender?

Lo primero es darte cuenta de que ya estás entendiendo y pudiendo hacer contacto contigo, con tus ganas de aprender y de poder llegar a descubrir formas para cumplir con tu objetivo.

Lo segundo que debe quedar en claro es que las recetas de los demás les fueron útiles a los demás, y que tú… eres tú.

En cuestiones referidas a la naturaleza humana se cumple que toda estadística basada en generalidades de un modelo termina en donde comienza y se manifiesta la certeza de cada individuo.

Vamos llegando al punto de aquello que nos hace diferentes, únicos (y esto no es una expresión narcisista).

En el libro "*OntoPsiquis, más allá del eneagrama y el psicoanálisis*", en la página 48 del tomo I, presentamos una serie de genes que se han descubierto que intervienen en estados de ánimo, formas de responder al estrés, predisposición al miedo o a verlo todo de un modo naturalmente positivo, e incluso si se tiene mayor o menor predisposición a una depresión.

Escanea este código QR, o accede a https://ontopsiquis.com/genes

Te prometo que no nos adentraremos en el mundo de la genética, sin embargo, lo traigo como un recurso que tienes que considerar en este proceso de entender quién eres, quiénes son los demás y, quizás, lo más difícil de aceptar que es el hecho de que nadie cambia su natural forma de ser.

Si el color de tus ojos ha sido azul, no hay forma de que se cambien a pardo o negro.

Naces con ese color y el mismo te acompaña a lo largo de toda la vida. No cambiará.

Claro está que puedes ponerte lentes de contacto, pero sabes muy bien que debajo de esa máscara ocular sigue estando el mismo color que querías ocultar o cambiar.

Más aún, si te dejas mucho tiempo colocados esos lentes de contacto que disfrazan el color de tus ojos, lograrás que una irritación te obligue a quitártelos.

El mismo efecto tiene sobre ti el uso prolongado de una máscara social diseñada para buscar que te acepten.

Cuando confundes lo que hace o lo que tienes con quien tú eres, estás limitando y condicionando tu libertad para ser tú, afectando tu estado de ánimo, tu capacidad natural para soñar y proyectar tus sueños hacia su realización, y tu alegría de vivir sintiendo en cada célula el significado que tiene para ti estar vivo.

Podrás leer sobre neuroplasticidad, que es la capacidad de cambio que tiene el cerebro para poder responder a una nueva realidad o exigencia.

También podrás intentar la autosugestión o la reprogramación de tu cerebro, y docena de otras técnicas diseñadas para "cambiar" hacia algo más satisfactorio y conveniente para tu bienestar.

Aquí es necesario hacer un alto.

Quizás hayas leído acerca de neuroventas.

Tal vez te haya llamado la atención la infinidad de "trucos" de mercadeo que existen para manipular tu voluntad y lograr venderte lo que nunca habrías comprado si no hubieras sido empujado a adoptar una conducta casi compulsiva y desesperada para adquirir eso que no tenías.

Es posible que te hayas encontrado frente a situaciones extremas en las que "compras" la idea de estar quedándote afuera de un negocio o de una oportunidad que no se repetirá.

Como ejemplo, piensa en cómo te has sentido al ver publicidad acerca de algo nuevo que no necesitabas, o que al menos no eras consciente de que lo necesitaras hasta que el mensaje enviado logra anidar en tu mente.

Más aún, repara en esa sensación de quedar excluido de tu grupo social ante la idea de no llegar a tener lo que todos tienen, o ante la amenaza de perder esos últimos productos disponibles o de que se te pase el tiempo para acceder a la oferta imperdible que sólo estará disponible por unos pocos minutos más.

Sensaciones.

Percibirte, y permitirte ser tú, es algo evaluado como no deseable, juzgado como inconveniente y condenado para que no puedas cambiar al sistema que alimenta a todo lo que eso involucra.

Tu ser es puesto en conflicto porque te atacan en la legitimidad de tus significados.

Significados.

Tu cerebro es una maravillosa máquina con la capacidad para hacer algo único.

Puede generar significados.

No sólo eso, también es capaz de revisarlos y modificarlos o descartarlos para poder producir otros nuevos respecto de temas que fueron o son de tu interés, o que han dejado de serlo.

Hasta el momento, ninguna supercomputadora ni tecnología de inteligencia artificial puede igualar al cerebro humano en lo referente a la creatividad y a la generación y manejo de los significados.

Lo que tu mente ve no lo puede acceder nadie más, porque en el mismo instante en que lo percibe es el momento en que le asocia un significado que sólo tiene valor para ti.

Es esta particularidad la que es atacada.

Es tu empecinamiento natural y normal en volverte difícil al pretender resistirte a adaptarte al medio.

Presta atención a esto.

La creatividad humana implica la habilidad para modificar el entorno de modo de volverlo más afín a las características que pide la vida, o a lo que tú crees que te demanda el querer vivir.

Sin embargo, cuando quieres adaptar tu medio a ti, recibes sugerencias y guías para que desistas en tu intento y para que seas tú quien acepte adaptarse a lo que hay, a lo que te es dado.

Si se te permitiera ser tú, no se te podría controlar ni manipular para que hicieras o te comportaras como es más conveniente a los intereses generales.

La efectividad del proceso formativo se basa en

su capacidad para detectar estos focos de resistencia y en su efectividad para eliminarlos, pulirlos u ocultarlos de tal modo que ni te enteres de que los tienes y que están latentes en ti.

El permiso para ser tú, en su marcha hacia su aparición y surgimiento, es imposible de detener.

Todo lo demás, son intentos del entorno para retrasar ese inexorable destino que tiene la fuerza de tu vida para reclamar su lugar y el ejercicio de su legítimo derecho a exigir la oportunidad de crear oportunidades que sean útiles tanto para ti y tu crecimiento como para tu entorno.

Por supuesto que me puedes decir que todo lo dicho respecto a las ventas y la manipulación no sólo aplica a ti, sino que has aprendido a utilizarlo sobre otras personas.

No hay contradicción alguna.

Cuando ofreces un servicio o un producto, así como cuando buscas ser tenido en cuenta para abrirte puertas en la vida mediante la redacción de una hoja de vida, tienes que utilizar este tipo de técnicas porque, de lo contrario, no tendrías acceso a las oportunidades que estás buscando.

Lo importante no está en lo que haces, sino en qué estás buscando cuando lo haces.

Es un mundo de individuos que recurre a la ilusión para poder enmascarar la soledad en la que se vive.

Redes sociales, botones de "me gusta", amistades al pulsar sobre un botón virtual en un dispositivo electrónico, las llamadas tribus orgánicas para darte a conocer, y más, hacen que te alejes de ti porque aprendiste qué se busca, qué agrada y qué buscas, aunque pudiera no agradarte.

Como ves, no se trata de qué hace falta para la interacción en un mundo obnubilado y con miopía que no puede ver al otro más que por su utilidad.

De lo que se trata es de averiguar y descubrir qué es lo que tienes que hacer para defender tu existencia, la esencia de tu ser.

Cuando le pregunto a pacientes y coachees que me platiquen sobre ellos, en el 99 % de las respuestas obtengo argumentos referidos a qué poseen, qué hacen y qué están dispuestos a hacer.

Sólo un 1 % es capaz de contactar consigo y comenzar diciendo que es hombre, o que es mujer, que es un ser humano sensible, o poderoso, o con temores, o…

Los del 99 % han quedado atrapados en la caja que la educación les ha ido construyendo para que crean que lo que se les ofrece es lo único que debe importarles en la vida.

Ese 1 % son, paradójicamente, los que menos necesitan hacer algo para crecer, porque ya se han descubierto y han hecho contacto consigo mismos.

La tercera conclusión que te ofrezco es:

> Para poder crecer tienes que ejercer tu legítimo derecho a decidir si quieres y si le encuentras valor a engrosar ese 1 %.
>
> Esto es lo que tienes que entender.

Dr. Aníbal P. Santoro

¿Cómo puedo descubrirme?

Quiero agradecerte que me hayas permitido acompañarte hasta este punto en el que te propongo esta pregunta básica y fundamental, una que no se enseña porque debe nacer y surgir de ti. Tanto la pregunta como tu posible futura respuesta.

En este capítulo te presento un poco de OntoPsiquis, esta teoría que creamos para ver al ser humano original, ese que sobrevive bajo el peso de una máscara social y que se debilita, y a veces sufre, por no poder expresarse en la plenitud de su ser.

Lo de reconocer las diferencias entre las personas puede ser visto como una dificultad o como una oportunidad.

Fíjate lo que haré a continuación.

Ni están mal aquellos que lo ven como una dificultad, ni están bien los que detectan la oportunidad.

¿Qué hice?

No juzgué.

La cultura nos ha enseñado a ser como su sociedad necesita que seamos, a base de premios, castigos, refuerzos, aceptación, rechazo, etc.

Todo eso que hemos recibido mientras nos formábamos como buenos ciudadanos y asistíamos obedientemente a nuestro propio proceso de institucionalización, todo fue evaluación y juicios respecto de lo que hacíamos, de nuestro esfuerzo y de nuestra actitud colaboradora o resistente.

¿Cuál es el código que has y hemos recibido?

Simple. Para vivir en sociedad tienes que estar preparado para ser juzgado y también debes juzgar.

El problema no está en el juicio en sí mismo, sino en que la motivación que pudiéramos llegar a sentir en algún momento para hacer alguna actividad, proviene de la cultura que nos formó.

Por lo tanto, sólo somos un medio necesario para asegurar la continuidad de la cultura en la que hemos crecido, y el costo lo pagamos con nuestra sensación de vulnerabilidad emocional y de vacío interior.

Lo que te expresé en el párrafo anterior merece una lectura vertical, y no una simple pasada.

El darse cuenta de que eres, o somos, sólo un medio útil para el funcionamiento general, es algo que golpea a la imagen que vamos construyendo acerca de nosotros a medida que alimentamos nuestros proyectos para crear oportunidades.

Algunas personas consideran que esto es algo sobre lo cual no tienen control y se resignan. Otras, en cambio, ven un desafío que los estimula a desafiar los límites y a surgir.

Lo mismo sucede con esa "sensación de vulnerabilidad emocional".

Para algunos, la consciencia del costo impuesto a nuestra imagen e importancia será una amenaza de crisis de la cual podrían llegar a salir favorecidos, en tanto que otros verán una puerta que los llevará hacia una posición de debilidad.

Sí, también están los que comenzarán a quejarse y verán el sinsentido de una lucha que no pidieron. Atención. Para este tipo de personas, conservar el control lo significa todo, razón por la cual traducen esa vulnerabilidad como una pérdida del control que los desestabiliza emocionalmente.

Hemos comenzado a recorrer el camino de lo probable, en cuanto a diversidad en la forma de percibir la vida se refiere, con lo cual gana mayor sentido el que puedas "re-conocerte".

Por favor, déjale el guion.

"Re-conocerte" es diferente a reconocerte, porque se refiere a "volver" a conocerte.

¿Por qué el énfasis en lo de volver?

Por la simple razón de que no sabes quién eres en realidad debido al éxito del proceso educativo, con sus aportes y sus juicios ante cada expresión de tu ser.

Por este motivo, antes de desarrollarte y crecer, es necesario que te sumerjas en tu ser para que descubras quién eres. Caso contrario, sólo serás una pieza útil para otros y no para ti.

Te ofrezco esta frase con la que un amigo me salvó la vida. Analízala, encuéntrale significado y recuérdala. Quizás también te sirva alguna vez.

"*El cementerio está lleno de imprescindibles*"

Parece algo obvio o sin importancia, sin embargo, cuando cometes errores en tu vida profesional, en la social y también en la afectiva, la consecuencia lógica es que seas dejado a un lado para que pase el siguiente que está esperando por tu lugar en la fila de las oportunidades.

Esto mantiene en funcionamiento la rueda.

Aunque esta parte de la realidad tiene su peso sobre tu existencia y la de todos, también puedes optimizar tu "funcionamiento" cuando te decides a dejar de ser un espectador y eliges pasar a ser el creador, guionista, productor, director y, además, el protagonista de la película de tu vida.

Para ello, primero tienes que descubrir cuál es tu estilo esencial, tu marca de nacimiento.

Por haber crecido entre grupos sociales, resulta evidente que la interacción con otras personas influenció de algún modo en ti. No obstante, tu esencia, tu carga genética, el funcionamiento de tu sistema endocrino cuando se acomoda para responder ante las oportunidades o exigencias de la vida, permanecen contigo a lo largo de tu vida.

La tarea que hicimos con OntoPsiquis fue la de ver lo mismo desde otra perspectiva.

¿Qué es lo mismo? El ser humano.

¿Cuál es la otra perspectiva? Aquella que ubica al ser humano y sus capacidades naturales en el centro de la atención, en vez de analizarlo desde la utilidad que tiene para el entorno, detectando sus carencias y debilidades.

De este modo, describimos un abanico de características generales que trajo a la luz nada menos que 56 formas naturales y normales de ser.

Ten en cuenta que cada una de esas formas, además, tiene matices que, aunque sea ligeramente, modifican esas generalidades.

El espectro es infinito, lo cual confirma que cada ser es único.

Sin embargo, esas 56 formas de ser tienen su peso porque permiten detectar poderosas líneas directrices en la vida de las personas, mismas que colaboran para determinar qué motiva a cada una.

Ahora que sabes que existen 56 motivaciones distintas, que son independientes de aquello que a cada uno le toca vivir, quizás vaya quedando más en claro el porqué era necesario que te detuvieras para enfocarte en descubrirte antes de iniciar tu desarrollo y crecimiento personal.

Desde que creamos EneaPsiquis, hace más de dos décadas, trascurrieron casi otros diez años más hasta que logramos refinar nuestra teoría y evolucionar a lo que hoy es OntoPsiquis.

Durante todo este tiempo nos hemos encontrado con personas que entran en conflicto al preguntarles acerca de su naturaleza, que les agrada, cuáles son *sus* expectativas y pasiones, sin poder responder con claridad.

Repito y destaco una palabra porque, a mi entender, es la más importante: "sus".

Al utilizar esa palabra como una clave se puede comprender mejor qué está en la base de los conflictos que entorpecen o impiden que las personas puedan contactar consigo.

De este modo, se revela una deuda social que se incorpora durante el proceso cultural mediante el cual se genera la identidad nacional y el sentido de pertenencia.

Es algo equivalente a que se le pregunte a un menor acerca de cuáles son sus sueños para cuando sea grande.

Esa pregunta responde a una necesidad externa al individuo para que comience a perfilarse hacia algo que sea útil para la sociedad.

El niño o la niña no han vivido ni saben de qué se trata vivir.

Sus respuestas van a estar condicionadas por la situación en la que se encuentren, sea que esté delante de sus padres, o de un familiar, o frente a alguno de sus maestros.

Hay un tironeo que detecta el inconsciente del menor, aunque conscientemente no lo sepa. Está en un conflicto de lealtades, con amenaza de desamparo en función de lo que responda y con la posible culpa por defraudar o traicionar a su autoridad, a su objeto de identificación, si es que responde algo que no pudiera no ser satisfactorio para el otro.

El adulto, o sea tú, vive algo similar.

Has aprendido y comprado el cómo se debe vivir, cuánto tienes que ganar, cómo administrarte y hasta formas para poder endeudarte y crecer gracias al beneficio de la educación financiera.

Incluso, tu vida amorosa, queda determinada por ese entorno, por el que dirán, por el cómo te ves en la relación, y tantos otros condicionantes.

Lo que dije del niño, en parte, sucede de ese modo, pero no en el adulto.

La razón es muy sencilla. Falta un elemento en esa ecuación, que no es nada más y nada menos que tú.

Tu forma natural de ser hará que respondas a todas estas situaciones de un modo propio y particular.

Sí. Aunque sea algo difícil de aceptar, hay personas a las que realmente no les importa el que dirán los demás ni cómo se ven al manejarse en sus grupos sociales. Y no es justo juzgarlos ni criticarlos por su natural forma de ser.

Lo mismo sucede con aquellas personas que tienen una postura obediente, casi sumisa (cuidado, posible juicio), esperando, aceptando y siguiendo las directivas que reciben de quienes consideran que representan una autoridad para ellas.

La facilidad que pudieras haber tenido para pensar un posible juicio al evaluar tanto el comportamiento como las acciones de otra persona, es lo mismo que te estorba en tu crecimiento personal.

En tu interior hay un juez muy bien entrenado, restringiendo tu libertad para que seas en plenitud y para que, además, puedas aceptar a los demás en su forma natural de ser.

Ese juicio que podrías haber pensado, se corresponde con los parámetros con los que te educaron y que lograron meterse en tu mente para alterar y condicionar tu escala de valores.

No sólo eso.

También han alterado la percepción que tienes de ti, principalmente en lo referente a lo que te mereces y lo que no te mereces en esta vida.

Como puede comenzar a resultar evidente, tras nuestro proceso de institucionalización a una sociedad, terminamos siendo "copias" vivientes de un modelo anhelado por alguien.

Recuerda que un modelo representa "algo" que se considera importante, pero descartando todo aquello que no alcanza ese nivel.

Por esto es que no podían ser menos las combinaciones, como cuando fue nuestro primer intento con EneaPsiquis. En ese momento, algo no estaba bien definido porque teníamos dificultades en la clínica y debíamos estar haciendo constantes ajustes a la teoría para intentar adaptarla a la realidad de la persona que requería nuestro servicio.

Al poder pasar de las 45 combinaciones en EneaPsiquis a las 56 actuales, logramos que OntoPsiquis pudiera cubrir e incluir en sus descripciones a todos los perfiles que podíamos detectar y explicar.

Sin embargo, para facilitar su comprensión y simplificar el modelo, quisimos agrupar esas 56 formas naturales y normales de ser en 10 perfiles principales, que nombramos como *ontotipos* o tipos de personalidad esencial.

En las páginas siguientes vas a encontrar una somera descripción de esos 10 *ontotipos*, junto con una sugerencia de qué aspecto de su forma de ver la vida debe trabajarse en cada uno.

Dicho trabajo busca provocar un efecto palanca con el cual iniciar una desfundamentación de las creencias que afectan y limitan la expresión de su motivación, y también de la tuya.

Vamos con otra conclusión:

> No eres una planta, entonces, rompe la maceta.
>
> Esta es tu oportunidad para salir de la caja antes que se cierre contigo adentro.

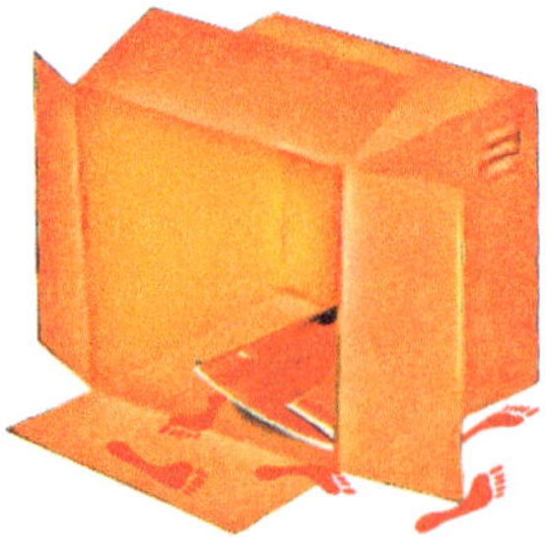

Dr. Aníbal P. Santoro

¿Ontotipo?

Como las pruebas psicométricas están basadas en estadísticas y nuestra teoría habla de la unicidad de cada persona inmersa en esa "mismidad" que pugna por no desaparecer, tenemos el problema (o la fortuna) de que cada una es una certeza en vez de una probabilidad.

Hemos desarrollado dos pruebas que pueden ser consideradas guías para que te aproximes a tu tipo de personalidad esencial.

Las puedes hallar en nuestro libro *OntoPsiquis, más allá del eneagrama y el psicoanálisis.*

Al final del primer tomo, que llamamos *La esencia de tu Ser*, encontrarás un cuestionario motivacional junto con explicaciones y ejemplos para poder interpretar los resultados.

Análogamente, al final del segundo tomo, que titulamos *Tus fortalezas dinámicas*, tienes un cuestionario más extenso al que también le agregamos explicaciones y ejemplos para facilitar su interpretación.

Si fuera de tu interés saber más, al final encontrarás una sección de direcciones de internet en donde, si quisieras, los puedes llegar a comprar.

Volvamos a *Crecer para Ganar*, este trabajo con el que busco acompañarte para que logres cambiar tu observador, lo cual es una de las técnicas más importantes en todo proceso de *coaching*, para que veas lo mismo desde otra perspectiva.

Para lograr llegar a tu puerto de destino tienes

que conocer tus nuevas herramientas con las que vas a poder navegar por aguas que a veces serán apacibles y en ocasiones las podrías sentir como turbulentas y hasta amenazantes.

Al ir transitando las páginas que siguen, es posible que te confundas y pienses que tienes más de un tipo de personalidad esencial.

Sin que sea un juicio de valor, sino una certeza para que obtengas tranquilidad y quieras seguir con tu proceso, se trata de algo que es totalmente normal.

Es posible que pudieras tener una cierta tendencia hacia un par de *ontotipos*, pero no con muchos más.

Cuando esto sucede, solemos decir que la persona está contaminada por su entorno, porque tuvo que adaptarse para poder sobrevivir.

Si has vivido esto, ¡Lo lograste! ¡Bien por ti!

Sin embargo, el hecho de que hayas podido demostrar que eres capaz de sobrevivir de ningún modo significa ni te obliga a que debas renunciar a vivir tal y como eres.

Entre los recursos con los que ya cuentas hay muchos de los que no tienes idea de que existen y están a tu alcance.

Al mismo tiempo, tienes otros que, por ser más difíciles de negar, han sido los más atacados por tu entorno para desvirtuarlos y que te fuera más difícil reconocerlos.

Para encontrar tu *ontotipo*, primero tienes que conocer tu pañol de herramientas y recursos, y para ello hace falta tener un poco, no mucho, de teoría.

Vamos.

¿Cuáles son mis recursos?

En este punto es crucial que logres identificar y te atrevas a dejar de hacerte cargo de todo aquello que los demás han esperado o esperan de ti.

No se trata de aislarte de tu medio ni de recurrir a un individualismo que atente contra el establecimiento de los grupos sociales, sino de poder hallar el permiso para que vuelvas a ti.

Recuerda que ese objetivo es el eje en torno al cual evoluciona este libro.

Lo que se busca es que dejes de intentar parecerte a los demás o que pretendas que tú eres el papel o la función que estás llevando a cabo.

Eres un ser humano.

No existen las subespecies ingeniero, doctor, abogado, maestro, fontanero, etc.

No eres lo que haces. A lo sumo eres un ser humano que supo capacitarse en una o más destrezas útiles para su entorno.

En cada situación en la que se te pide que hagas o dejes de hacer una actividad también se espera que te comportes de un modo profesional.

¿Qué significa profesional?

Nada más y nada menos que la capacidad para dejar a un lado todo lo que sea parte y que no tenga que ver con la ejecución de la labor que se te encomienda, con el fin de que tu ser no estorbe y puedas, supuestamente, dar lo mejor de ti para el logro del objetivo buscado.

No obstante, y sin importar todos los procesos de *coaching* o cursos a los que se te envíe para modificar tu actitud y tu conducta, no hay modo de que dejes de ser tú. Mucho menos, que no te llegue a afectar emocionalmente el esfuerzo de lograr apartarte de ti para cumplir con lo que otros necesitan y te exigen.

Siempre habrá un costo, y tú serás quien lo tenga que asumir y pagar, debilitando tu fortaleza psíquica y emocional.

En psicología organizacional, y en todo proceso de ingeniería social, se busca una respuesta consciente de cada persona, estableciendo el absoluto de que la actitud lo es todo.

Eso no es verdad.

El inconsciente

Tu primer y más admirable recurso es tu inconsciente.

La psicología cognitiva-conductual, en general y como ciencia, busca desconocerlo o restarle importancia, debido a que no hay forma de medirlo, replicarlo, educarlo ni controlarlo.

Antes que lo consideres o lo intentes, te aviso que tampoco tú puedes controlarlo.

El inconsciente humano existe, y tiene un lugar físico privilegiado en el cerebro, cerca del hipocampo.

Esa cercanía y acceso al banco molecular de recuerdos más grande que te puedas imaginar, en el que se registra y almacena todo lo que percibes, sea que te hayas dado cuenta o no, es el manantial desde el que se nutren los procesos que te permiten generar significados.

Si te interesa saber más al respecto, puedes buscar información sobre su descubridor, el neurocientífico alemán John Dylan Haynes.

El inconsciente humano está ubicado, a nivel funcional, antes de cualquier acción de la cual te hayas percatado.

Imagina que cada vez que tomas una decisión, el inconsciente fue el encargado de activar los circuitos que te permitieron hacerlo dándote cuenta de que lo estabas haciendo.

Así, llegado el momento de tener que decidir, entre 5 y 7 segundos antes de que lo hagas, es tu inconsciente el que determina y marca el camino de tus pensamientos para que puedas hacerlo.

Sé que es algo difícil de aceptar porque hemos sido educados para vivir en control de todo.

Te doy algunos ejemplos.

Inteligencia emocional para que gestiones tus emociones. En otras palabras, no hay permiso para sentir en los términos en que cada uno siente.

Nutricionistas que establecen las dietas que son tendencia para tener una vida más saludable; aunque ello se base en estadísticas que desconocen la realidad concreta de cada cuerpo en cuanto a lo metabólico y lo estructural. Tan sólo ponte a buscar dietas para aquellas personas que producen demasiada insulina (hiperinsulinismo) y verás que lo único que hallarás serán listas organizadas para evitar la diabetes.

El control lo es todo y puede adueñarse de tu vida, si es que lo permites.

Pero el control es una ilusión, porque siempre

hay variables que aparecen y que obligan a pegar pequeños golpes de timón para corregir el rumbo ante las nuevas exigencias.

El inconsciente está diseñado de tal forma que su principal función es protegerte mientras interactúas con tu medio.

¿Lo vas a querer ignorar porque a otros les resulta incomprensible e inmanejable?

¿Qué tal si comienzas a darle su lugar en tu vida y aprendes a interpretar sus mensajes?

Recuerda que sólo busca protegerte.

Habiendo presentado y aclarado lo que es el inconsciente, incontrolable y reconocible sólo por interpretaciones de aquello que permite que se manifieste mediante sueños, relatos, actos fallidos, chistes o lapsus, existe también el consciente; esa otra parte integrante de tu mente que involucra a todo aquello de lo que sí te das cuenta y que puedes describir, utilizar, comprender y modificar a voluntad.

En adelante, al hablar de la mente nos estaremos refiriendo a ambas partes, lo consciente y lo inconsciente, más el cúmulo de significados, creencias y recursos que te permiten vincularte e interactuar con la realidad, tanto la externa a ti como la inherente a tu ser.

En el ámbito de lo inconsciente existe otro recurso que es sumamente importante.

Los mecanismos de defensa

Estas herramientas son maravillosas y, a la vez, están entre las principales causas de los juicios que recibes (y generas).

Dr. Aníbal P. Santoro

Lo de mecanismo resulta sencillo de asimilar, pero lo referente a la defensa no es tan claro.

Es un mecanismo muy útil de nuestra mente que está diseñado para darnos tiempo de respuesta.

Como el inconsciente nos protege, y solemos estar un paso atrás en la vida, lo habitual es que la realidad nos exija y tengamos que responderle.

Aunque nuestra capacidad de respuesta pudiera llegar a parecer que puede funcionar en piloto automático, suelen existir situaciones que nos superan y a las cuales no sabemos cómo enfrentar.

Un ejemplo simple para aclarar esto.

Una pérdida, sea que se trate de un despido laboral o de una muerte. Lo primero que hacemos es negar la situación.

Pero si es tan útil como para permitirnos navegar en aguas tormentosas, ¿cuál sería el motivo por el cual no hemos sido educados para reconocer nuestros mecanismos?

Esta es una respuesta que vas a ver repetida muchas veces.

Los mecanismos de defensa, por ser de naturaleza inconsciente, son incontrolables.

Lo que no se puede controlar, tampoco se lo puede medir ni intentar acciones voluntarias.

En la base de lo inconsciente está la representación que nuestra mente hace de lo que percibe para poder dar origen a los significados.

Cuando los propios significados son fuertes por estar bien sustentados, queda bloqueada la entrada de cualquier significado externo a cada individuo.

Al mencionar a las "acciones voluntarias" te estoy dando elementos para que consideres que pudieras estar siendo bombardeado por algo llamado "mecanismos de *coping*" o mecanismos de afrontamiento.

En un lenguaje sencillo, puedes comprenderlo como técnicas o estrategias diseñadas para que se puedan cambiar ciertas conductas.

En otras palabras, ante la posibilidad de que se generen conductas sin explicación, se pretende imponer guías "sugeridas" basadas en una lógica útil para el entorno.

Como en el medio, entre tú y lo que es aceptable, está la posibilidad de que tu Ser pueda o no manifestarse, te comento que tu mente tiene la suficiente creatividad como para generar sus propias técnicas y estrategias con las cuales afrontar la realidad.

Volviendo a los mecanismos de defensa, tienes que saber que tanto como te defienden dándote tiempo también te pueden debilitar, porque están diseñados para defenderte de la realidad.

Si están activos de forma sostenida durante mucho tiempo, resulta que te vas apartando y perdiendo contacto con la realidad de la cual te defiendes. Esto es lo que te debilita y puede llegar a enfermarte.

Son útiles, por un tiempo, para darte un respiro. Un breve lapso en el cual tendrías que poder generar recursos y estrategias para responderle a lo que te haya sucedido, con el fin de que, de ese modo, no necesites mantener activas a tus defensas.

Elementos Estructurantes de la Personalidad

Es una tríada, conformada por lo que llamamos a) Necesidad Primaria, b) Creencia Limitante Esencial y c) Regla Básica, en torno a la cual se conforma tu personalidad.

Aquí hablamos acerca de cómo tu cerebro, tus neurotransmisores y tu sistema endocrino están preparados, por la genética subyacente, para generar representaciones con y desde las cuales poder interactuar con la realidad.

No hay cabida para teorías que son útiles y afines al objetivo de conocer, anticipar, moldear y controlar al ser humano.

Tampoco recurrimos a la clásica secuencia "características - temperamento - personalidad" porque decimos que nacemos con un tipo de personalidad esencial independiente del medio.

Necesidad primaria

La noción de lo que una necesidad representa no requiere aclaración.

A veces suceden cosas y hay que actuar respondiendo, haciendo algo. Esta situación estaría representando a una necesidad que surge ante lo contingente o una circunstancia inesperada.

En otras oportunidades, se debe cubrir una carencia inmediata. Por ejemplo, beber agua ante un estado de deshidratación sería una cubrir la necesidad del cuerpo de recibir agua.

Pero hay otro tipo de necesidad en la que la posibilidad de generar una respuesta satisfactoria se fundamenta en la forma en la que cada persona ve la realidad.

A este tipo de necesidad, que es independiente tanto de la propia fisiología, en cuanto a comer, dormir u obtener satisfacción sexual, como de las circunstancias o situaciones emergentes, es a la que llamamos Necesidad Primaria.

Cada tipo de personalidad esencial tiene sólo una Necesidad Primaria.

La importancia de aprender a reconocerla radica en que lo que verdaderamente motiva a la persona es el tener la oportunidad o la promesa de poder llegar a satisfacerla.

La Necesidad Primaria es lo que mueve y sostiene al individuo en su afán de hacer cosas.

Creencia limitante esencial

Aquí se pone en evidencia la forma en la que trabajan esos lentes genéticos que determinan y condicionan la forma en la que percibimos y reaccionamos ante la realidad.

No todos viven miedos y ansiedades, ni sobre lo mismo, ni de igual forma.

No todos viven su sexualidad ni su vínculo con otras personas del mismo modo.

Esos lentes con los que la genética nos permite ver la realidad son los mismos que intervienen en la generación de los significados que le dan sentido a lo que percibimos.

El problema no está en lo que somos capaces de ver, sino en que los datos que recibimos pasan a ser insuficientes por cuestiones propias de la realidad y porque nuestra mente los filtra, permitiendo que lleguen a nosotros sólo aquellos que podemos recibir. Y, me reitero, no son todos los datos y tampoco los recibimos del mismo modo.

Esta falta de datos es inaceptable para nuestra mente. Por esto crea sus propias explicaciones y les da valor de verdad. En otras palabras, ante la ausencia de datos ciertos, nuestra mente crea los suyos para dar origen a una creencia sobre la cual basa la posibilidad de acceder a nuevas conclusiones y certezas.

A esta creencia que surge desde nuestra incapacidad para recibirlo todo, y de nuestra capacidad para darle la forma que podemos aceptar, partiendo de lo que nos da y permite nuestra genética, la llamamos Creencia Limitante Esencial.

¿Cuál es el peso que tiene esta creencia?

Es enorme.

Imagina que cualquier creencia que hayamos generado o incorporado es tan funcional a nosotros que nadie puede quitarle su fundamento más que nosotros.

Sólo quien se creó esa creencia puede llevar adelante un proceso para su desfundamentación.

Ahora, imagina la importancia estructurante que tiene una creencia que se forjó desde las posibilidades que otorgan los genes, y sobre la cual no hemos intervenido conscientemente.

Regla básica

Se lo puede ver como una pauta que crea nuestra mente para indicarnos un camino a seguir, de tal manera que nuestro accionar no colisione ni contradiga a la Creencia Limitante Esencial, en tanto hace que sea posible lograr la satisfacción de nuestra Necesidad Primaria.

En el siguiente gráfico vemos el ciclo que

vincula a estos tres elementos sobre los que se estructura nuestro tipo de personalidad esencial. Partiendo de la Necesidad Primaria, generamos una Creencia Limitante Esencial que dicta una Regla Básica con la que satisfacemos a la Necesidad Primaria.

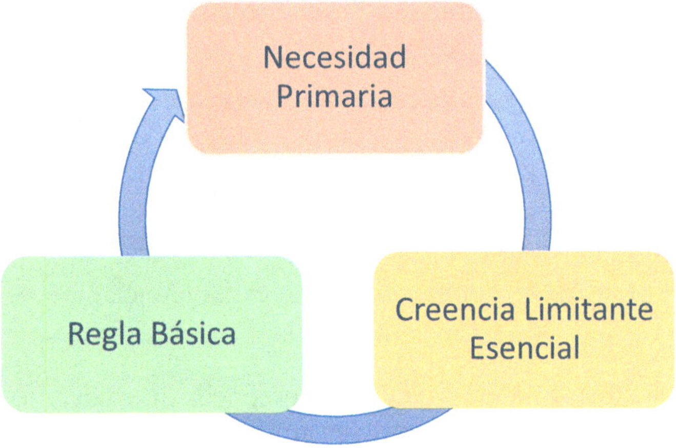

Fig. 1 - Dinámica de elementos estructurantes de la personalidad

En la siguiente Fig. 2 te presento otra forma de ver la interacción entre el tipo de personalidad esencial y la realidad.

Fig. 2 - Interacción con la realidad desde el Ser

Sombra

Con este nombre, el psicoanalista suizo Carl G. Jung quiso referirse a una parte en nuestro inconsciente en la que se encuentra lo que no queremos aceptar de nuestro Yo.

Hizo esta explicación desde su perspectiva, que era tendiente al desarrollo de un inconsciente colectivo.

En OntoPsiquis reconocemos la existencia de la Sombra, pero con ciertas particularidades.

La primera es que no todos los tipos de personalidad esencial tienen una Sombra.

Para poder analizar la segunda tienes, y tenemos, que profundizar más la propuesta de Jung.

En vez de pensar que se trata de aspectos de cada uno que el Yo consciente no acepta, lo cual implica que de algún modo el consciente tiene noticia de que algo existe, se puede considerar a la Sombra como esa parte del Yo que estaba débilmente integrada y que ante un gatillo de cualquier índole se desgarra y entierra en el inconsciente.

Déjame aclarar lo dicho.

Piensa en un tipo de personalidad esencial para el cual el amor representa una vulnerabilidad.

Para esa persona, amar le resta poder. Por lo tanto, todo lo que tenga que ver con la sensibilidad y la expresión de emociones suaves es amenazante.

Ante cualquier evento de la vida, como una mirada o una frase del tipo "los hombres no lloran" o "suavecita como buena niña", se puede llegar a detonar un proceso por el cual toda manifestación de lo sensible se inhibe. Las emociones blandas son separadas de la consciencia, relegadas y enterradas en lo más profundo del inconsciente.

A partir de esa situación se intensifica la fuerza con la que la Creencia Limitante Esencial y la Regla Básica rigen el comportamiento de la persona.

Por favor, recuerda el párrafo anterior porque en el mismo se encierra una clave del trabajo que se puede hacer para poder crecer… porque de eso se trata este libro, ¿no?

Pivot

Este concepto original que hemos propuesto desde un principio con nuestra teoría, tanto en EneaPsiquis como en OntoPsiquis, puede ser difícil de asimilar.

Cuando esto sucede, resulta útil recurrir a algún ejemplo concreto de la vida real.

Puedes pensarte viendo a través de una ventana, pero que sea de las que tienen cuatro persianas, esas hojas verticales que se pliegan sobre sí con bisagras.

Ahora imagina que las únicas hojas que están abiertas y que te permiten ver lo que está afuera son las dos centrales, mientras las dos externas, una a cada lado, permanecen cerradas.

¿Puedes ver a través de la ventana?

Por supuesto que sí.

¿Puedes verlo todo?

Claro que sí… Bueno… Todo lo que se puede ver a través del hueco que dejan las dos hojas centrales que son las que están abiertas.

Así es cómo pueden percibir la vida aquellas personas cuyo *ontotipo* incluye una Sombra, ya que están determinados por su genética a ver sólo lo que las dos persianas centrales le permiten. Nada más.

Te había comentado que no todos los *ontotipos* tienen Sombra, pero esos, en cambio, sí tienen Pivotes.

Ahora imagina que las personas con Pivotes tienen la capacidad de poder abrir esas dos persianas cerradas de los extremos.

El efecto no es sólo el de poder ver lo que está delante, sino también lo de los lados.

El ejemplo concreto sirve para presentar y comprender su significado.

Las personas con un *ontotipo* que cuenta con Pivotes tienen la ventaja de poder enfrentar a los eventos de la realidad analizándolos desde tres puntos de vista diferentes.

Uno de ellos es el que tienen todos los *ontotipos*, es decir, percibir, interpretar e interactuar con el medio a través de lo que determinan los elementos estructurantes de la personalidad.

Las otras dos perspectivas son las que le aportan, al *ontotipo* principal, las capacidades propias de otros dos *ontotipos*.

No se cambia de personalidad, sólo se incorporan otro tipo de lentes y filtros para que la persona se pueda ubicar en lo que le toca vivir.

Refugio

Para comprender cuál es la función de este

recurso, es válido concentrarse en lo que representa un refugio.

Es eso que te permite correrte del rumbo en el que te tendrías que enfrentar con una crisis o un peligro, pudiendo esperar hasta que todo se acomode y puedas volver a tu centro, a tu equilibrio, sin riesgo.

Si vas o no a tener acceso al Refugio es algo que lo determina tu inconsciente. No tú.

Si tu inconsciente "considera" que tienes elementos suficientes para afrontar la situación, es probable que recurra a tus mecanismos de defensa por un breve lapso.

Si "considera" que defenderte no llegase a ser suficiente para lograr tu estabilidad, en vez de recurrir a tus mecanismos de defensa te llevará a que efectúes un cambio en tu comportamiento; pero no cualquiera.

Cada *ontotipo* tiene una posibilidad única y diferente para poder acceder a su Refugio. Si te interesa saber más, puedes encontrar este tema descrito y desarrollado en el Tomo II – *Tus fortalezas dinámicas*, de nuestro libro *OntoPsiquis, más allá del eneagrama y el psicoanálisis.*

Recuperación

Si recuerdas la Creencia Limitante Esencial, estás un paso más cerca para comprender este recurso, ya que el concepto es simple.

Mientras que la Creencia Limitante Esencial te limita para que no descubras tus capacidades y posibilidades, la Recuperación es el cambio que, si lo llevas a cabo y lo reiteras, te provee con nuevas experiencias que se oponen y que debilitan a la

Creencia Limitante Esencial.

El resultado de haber podido acceder a tu Recuperación es que logras contactar con capacidades y fortalezas que no podías contemplar porque no estaban dentro del ámbito de lo posible.

Vuelvo a remarcar el tema de que no se trata de que todos hagan lo que todos hacen.

Los cambios posibles son específicos para cada *ontotipo*.

Componentes de acción y reacción

Una componente puede ser vista como una tendencia que se manifiesta y se aparta de un *ontotipo* puro, aproximándose a otro, pero sin que llegue a adoptar la totalidad de sus elementos estructurantes de la personalidad.

Esto es lo que ha permitido que nuestro modelo OntoPsiquis pudiera identificar y describir a 56 formas naturales y normales de ser.

Te doy un anticipo para que te puedas ir ambientando en lo que sigue.

Cada *ontotipo* tiene asociada, además de un nombre, una letra en el rango desde la A hasta la J.

Así, una componente estará entre los *ontotipos* A y B, otra entre B y C, o entre C y D, y así sucesivamente.

La Componente de Acción es la que se muestra habitualmente cuando interactúas con la realidad.

La Componente de Reacción es la que, por efecto de la educación y el ambiente, estaba en ti y debió ceder su lugar a otra modalidad más aceptable.

De este modo, la Componente de Acción

puede ser lo natural que está en ti y que fue aceptado desde un principio por tu grupo primario, o el remplazo que tu mente adopta para poder sobrevivir en un ambiente que no aprobaba tu forma natural de ser.

La Componente de Reacción, cuando se la detecta, suele ser eso que no gustaba y debió ser modificado. Ten en cuenta que el hecho de que haya tenido que dejar de aparecer y de guiar tu conducta, no significa que haya desaparecido.

Dado el origen genético de la Componente de Reacción, aunque tu mente haya colaborado cambiándola de acción a reacción para darte la posibilidad de sobrevivir en un medio que puede ser "considerado" hostil por tu inconsciente, si está presente te va a acompañar durante toda tu vida.

Insight y Outsight

El *insight* es tu capacidad para analizar, críticamente, lo que estás viviendo para hallar nuevos significados.

El *outsight* es tu capacidad para percibir y comprender tu realidad externa.

Ambos recursos pueden verse afectados por la acción de tu medio sobre ti... pero no cancelados.

Escanea este código QR para acceder al glosario completo que incluye a ambos volúmenes de OntoPsiquis®
https://ontopsiquis.com/es/es-glosario.htm

¿Cuáles son los *ontotipos*?

Como había anticipado, te presento una breve descripción de los 10 *ontotipos* naturales y normales que hemos identificado.

Ten en cuenta que el abanico que describe a las 56 combinaciones surge a partir de estos 10 tipos de personalidad esencial cuando uno de ellos incorpora en su perfil a ciertas características que son dominantes en algún otro.

Dado que esto pudiera dar cabida a pensar que tantas variantes estarían describiendo a algún tipo de trastorno de personalidad múltiple, debe quedar en claro que cada *ontotipo* principal, o puro, tiene solamente una posibilidad de percibir e interactuar con la realidad.

Las combinaciones surgen de la aparición de las componentes de acción y de reacción, que le aportan otras características.

Esta aportación no proviene del exterior, aunque puede ser influenciada su aparición por eventos gatillo que detonen un cambio de comportamiento.

Todos estos "extra" al *ontotipo* principal, surgen solamente si su aparición está dentro de las posibilidades naturales de cada individuo.

En otras palabras, de la interacción de la persona con su entorno surgen respuestas y vimos que las mismas dependen de cómo ve la realidad.

Esa realidad es, obviamente, la externa y, a la vez, la interna.

Cada individuo tiene una noción inconsciente de quién y de cómo es o de lo que quiere vivir.

Dado que cada ser humano tiene lentes genéticos distintos para evaluar las propias capacidades y habilidades con las cuales poder responderle a la vida, las respuestas de las personas ante un mismo evento son diferentes.

Volviendo a los "extras", los mismos son puestos al servicio de lo que necesita el *ontotipo* principal para lograr sus objetivos a nivel existencial. Es decir, "sobrevivir" a la exigencia externa y escapar al control que el entorno busca imponer.

Aunque muestren una faceta amigable para poder asegurar la propia supervivencia, esa máscara es, en realidad, la única y particular forma en la que cada persona puede responder desde su esencia.

Por cierto, lo que sigue no es una conclusión, sino algo para que puedas seguir abriendo la caja.

> No es cierto que todos los seres humanos tenemos características comunes a todos los demás.

Lo anterior es una premisa cultural que sólo sirve a los fines de una estandarización social que atenta contra la autonomía, la originalidad y la espontaneidad de cada individuo.

Si la sociedad aceptara y permitiera estas libertades personales, tendría serias dificultades para ejercer su control.

Ten en cuenta que hemos invertido más de 20 años en desarrollar esta teoría que busca traerte respuestas generales a tus conflictos íntimos, esos que pueden invadir tu mente y que no quieres compartir con nadie para evitar que te juzguen.

Todas las descripciones que hemos hecho

requirieron 736 páginas distribuidas en los dos tomos de nuestro libro *OntoPsiquis, más allá del eneagrama y el psicoanálisis.*

Recuerda que, como con todos los *ontotipos*, la posibilidad para ser del Ser viene determinada por la genética, al igual que su creatividad, su capacidad para responder a las exigencias de la realidad y a las contingencias de la vida.

Existen cerebros sensibles, normativos o sociales, maquiavélicos o empáticos, y ninguno es mejor o peor que el otro, ni está bien o mal.

Lo que sigue, es una breve y sencilla guía para que puedas tener un primer contacto con las diferencias que nos hacen únicos.

A - Educador

Entre la esencia del ser Educador y la realidad externa hay un vínculo marcado por la perfección, el orden, la estructura, el deber, lo correcto, la obediencia, el cuidado de las formas, la pulcritud, la autocontención y el ejemplo.

Muchas de estas características, si es que no lo son todas, son las que una sociedad organizada busca y promueve.

Por supuesto que hay más, como por ejemplo la puntualidad, la organización, la capacidad administrativa y directiva, el ahorro y el cuidado de los recursos.

Todas estas cualidades que he descrito no son más que expresiones que resultan y se manifiestan cuando el Educador aplica, de modo inconsciente, su Regla Básica; ese elemento estructurante de la personalidad que te presenté en la página 53 y que acompañé con las imágenes de las Figuras 1 y 2.

Es curioso que esté utilizando al Educador como un ejemplo para explicarte el funcionamiento de la dinámica de la mente desde la perspectiva de OntoPsiquis, pero sirva esta coincidencia para aclarar este modelo con el fin de que lo puedas replicar con el resto de los *ontotipos* y te sea de utilidad para tu vida.

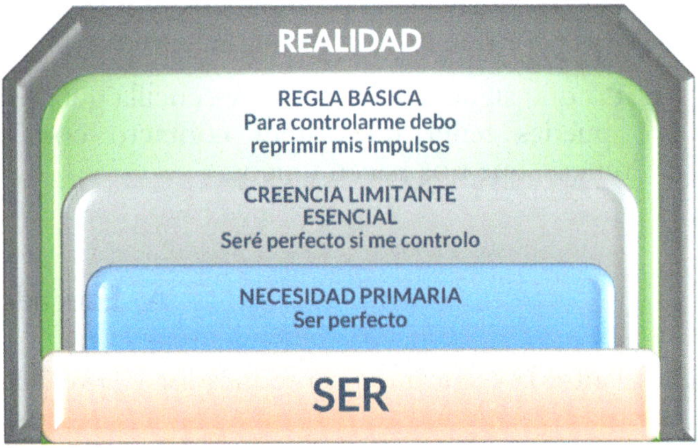

Fig. 3 - Interacción con la realidad en el Educador

En la Fig. 3 puedes ver cómo la Necesidad Primaria de "ser perfecto", de la cual la persona no tiene conocimiento porque es de naturaleza inconsciente, está en la base de su capacidad para interactuar con su medio.

Esa Necesidad Primaria es equivalente a la graduación de los lentes con que la genética dota a cada ser humano.

A partir de la misma, toda la realidad será vista de un modo determinado.

Desde que nace, la persona intenta comenzar a

comprender la realidad y a ejercitarse en su capacidad natural de producir significados.

Sin embargo, los significados son subjetivos. No pueden enseñarse ni inculcarse por la fuerza.

Esa subjetividad se va edificando sobre la base de suposiciones y creencias ante lo que se percibe, lo que hay, lo que falta y lo que se espera.

En el *ontotipo* A - Educador, su Necesidad Primaria lo lleva a "crear" conclusiones que estén sesgadas hacia el logro de la perfección.

Así, ante la ausencia de datos en su interacción con la realidad, "completa" lo faltante generando una creencia. La misma, por ser parte de un sesgo, es limitante, y por ser el resultado de la capacidad natural de la persona desde que nace, es esencial.

Observa que esa Creencia Limitante Esencial, para el Educador, le dicta que debe controlarse.

Todo lo que las personas de este *ontotipo* pueden hacer es buscar el control para hallar la perfección.

Para ello, de un modo también inconsciente, escriben en su mente una Regla Básica tendiente a desarrollar formas eficaces para lograr reprimir sus impulsos.

De hecho, necesitan que todo esté en su lugar y que se respeten y cumplan sin reparos las premisas e indicaciones dadas por ellos.

El placer es algo bueno, pero sólo hay lugar para acceder al mismo luego de haber terminado con todas las obligaciones que habían sido programadas.

A la gente de este *ontotipo* le cuesta la espontaneidad al punto que, cuando se la permiten, suele ser en respuesta a una entrada en su agenda en la que se imponen un tiempo para distenderse. Algo, por cierto, que también les cuesta, dado que lo lúdico es improductivo, en tanto que un partido con instrucciones, reglas, premios y castigos suele ser visto como algo constructivo y productivo.

¡Qué bueno! ¿Verdad?

¡Ah! No te parece que sea algo bueno reprimir los impulsos...

Si es así, es porque quizás no eres del *ontotipo* A-Educador.

> A las personas de este *ontotipo* les resulta incomprensible que la búsqueda de la perfección no sea la meta o el destino ansiado por todos.

Aquí haré algo que, en psicoanálisis, se llama "señalamiento". Dejaré una marca en el relato para que te recuerdes lo que se ha dicho y cuándo fue dicho.

Y la sociedad normativa lo sabe.

Más adelante lo utilizaré para sustentar una conclusión con la cual aportarte algo para tu crecimiento a partir de tu fortalecimiento interior.

B - Consejero

Sigamos con el mismo esquema utilizado para presentarte a este otro *ontotipo.*

Entre la esencia del ser Consejero y la realidad externa hay un vínculo marcado por el servicio, la entrega, el sacrificio, la disponibilidad a toda hora, lo hacendoso, el consejo, el cuidado del otro, la amistad confidente y la adulación oportuna.

Fig. 4 - Interacción con la realidad en el Consejero

Ya vimos, en el *ontotipo* anterior, cómo es la dinámica entre la Necesidad Primaria, la Creencia Limitante Esencial y la Regla Básica que les permite a las personas interactuar con la realidad.

En el Consejero, su Necesidad Primaria, e inconsciente, de sentir que es amado, querido o necesitado, va a determinar su comportamiento desde la niñez más temprana.

Si nos detenemos a analizar la Necesidad Primaria con un poco más de profundidad, podemos reparar en que se trata de una serie de opciones que funcionan por descarte o exclusión.

En otras palabras, sienten que los aman o sienten que los quieren o sienten que los necesitan.

Más aún. Si con sus acciones no logran sentirse amados, intensifican su servicio para ver si logran sentirse queridos.

Si con este nivel de entrega no logran sentirse

queridos, la incrementan hasta el punto del sacrificio con el objetivo de lograr sentirse necesarios.

Como quizás pudiera resultar evidente, el amor que desarrollan es totalmente condicional.

Hacen por los demás esperando el retorno del esfuerzo que han invertido por cuidar de los demás.

Se acuerdan de un cumpleaños y saludan u obsequian algo en tanto esperan que la otra persona se recuerde del suyo.

Dan esperando recibir.

Su funcionamiento a nivel social es muy congruente con lo que ofrece la sociedad, en cuanto a detectar necesidades para poder vender productos o servicios.

> Las personas de este *ontotipo* suelen decir que aquel que no vive para servir no sirve para vivir.

Claro está, aquí corresponde hacer otro "señalamiento".

Y la sociedad normativa lo sabe.

C - Modelo

Entre la esencia del ser Modelo y la realidad externa hay un vínculo marcado por la competencia, el ser visto como el mejor, el ubicarse como el modelo anhelado y envidiado que todo mundo quisiera llegar a ser. También por la volatilidad, dado que les resulta natural cambiar de máscara según sea el ámbito en el que se desenvuelven. Hacer las cosas bien les resulta razonable si es que con ello logran sentirse valorados. Sin embargo, ante la necesidad de ganar y mostrarse exitosos, si detectan que hay lugar para una pequeña intervención para ayudar hacia el triunfo, no dudan en hacer lo que consideren que debe hacerse con tal de lograr su objetivo.

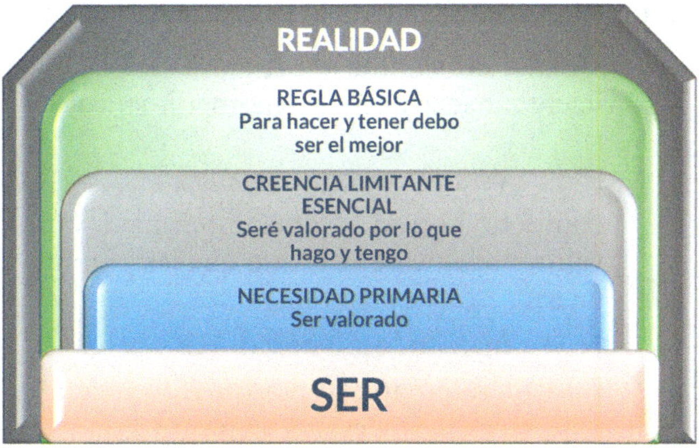

Fig. 5 - Interacción con la realidad en el Modelo

Existe una trampa en el significado de lo "valorado" en su Necesidad Primaria.

De hecho, para ellos tiene el mismo peso recibir 10 minutos de aplausos luego de una interpretación artística que los titulares hablando de un divorcio o de una adicción.

Las personas con este *ontotipo* se alimentan con los reflectores y el *flash* de las cámaras de fotos.

No les importa que "hablen bien", sino que lo que les resulta vital es que "hablen" de ellas.

Estar en los titulares de periódicos y revistas, o en la cumbre de las redes sociales con la mayor cantidad de seguidores, es algo que los gratifica y, al mismo tiempo, los somete.

Ante un aplauso recibido, lo que siga tiene que ser igual o mejor. Lo mismo, al lograr una posición jerárquica o un éxito bursátil o financiero.

Retroceder o detenerse es vivido como fracaso.

Avanzar y ganar representan la única opción posible con la que pueden sentirse valorados, porque lo traducen en posesiones o en relatos impresionantes acerca de lo que hacen.

Este es el significado de su Regla Básica inconsciente: hacer y tener para medir su valor.

> Las personas de este *ontotipo* necesitan competir con la misma intensidad y el valor vital que tiene el aire que les permite vivir.
>
> No se fijan en los "perdedores".
>
> Buscan referentes superiores de quienes aprender sus secretos para triunfar o, directamente, a quienes puedan vencer.

¿Lo dices tú o lo digo yo?

Es tiempo de otro "señalamiento". Uno que es el mismo, pero que a la vez es distinto porque lo hacemos desde la perspectiva de cada *ontotipo.*

Y la sociedad normativa lo sabe.

D - Especial

Entre la esencia del ser Especial y la realidad externa hay un vínculo marcado por lo sustancial, la introspección, el significado profundo de la vida y sus circunstancias, por la razón del ser y la oportunidad de expresarse ante alguien que sea capaz de recibir empáticamente el contenido compartido.

Son buscadores de ecos que encuentran una pieza de su identidad cuando los reciben.

No buscan aplausos ni aprobación.

Por otra parte, ante una desaprobación, en vez de defenderse cuestionando la opinión recibida, se cierran sobre sí, en un rápido retorno a la seguridad de su mundo interior.

Ambos eventos representan una devolución con la cual se alimentan.

Ser auténticamente ellos mismos hace que los individuos de este *ontotipo* tengan dificultad para integrarse en grupos masivos en los que la identidad es dada por la pertenencia.

Fig. 6 - Interacción con la realidad en el Especial

Son artistas, empáticos naturales y alquimistas capaces de transformar sufrimiento en esperanza y desazón en oportunidad.

Lo superficial y el protocolo los deja fuera de lugar porque no encuentran un sitio en el que su autenticidad pueda manifestarse, y tampoco, de haberlo logrado hacer, un entorno en el que pudieran sentirse recibidos.

Lo social implica una máscara que los relega a la nada, a la frustración de su intención de manifestar su existencia de un modo en el que su vida se convierte en un mensaje transformador.

La mentira social, al igual que el protocolo, no les permite sacar a la luz y exponer la riqueza de su mundo interior, pleno de observaciones valiosas acerca de la vida, los sentimientos, las emociones y los lazos sensibles que construyen vínculos plenos de significado entre las personas.

Se sumergen en su mundo interior y desarrollan una relación amistosa con aquello que habita allí, sea gozo o sufrimiento.

No buscan y tampoco evitan el dolor emocional, ya que todo ello les aporta elementos para construir significados vitales.

Son capaces de expresarlo a través del arte o de recibir el sufrimiento del prójimo sin reservas ni defensas, pasando a la acción menos esperada: el acompañamiento de ese otro que sufre.

> Las personas de este *ontotipo* son santuarios vivientes que necesitan, pero no piden; que hablan esperando ser recibidos, pero que no exigen respuesta.

Y la sociedad normativa lo sabe.

E - Explorador

Entre la esencia del ser Explorador y la realidad

Dr. Aníbal P. Santoro

externa hay un vínculo marcado por la necesidad irrefrenable de poder explicarlo todo o, al menos, aquello que la persona necesita o cree necesitar para poder desarrollar su vida. Se los ve como expertos, especialistas, académicos, genios y autoridad en alguna materia, aunque al mismo tiempo son dejados a un lado por aquellos que se manejan dentro del código de lo social.

La curiosidad natural que puede tener cualquier persona por algo que sea de su interés, se incrementa exponencialmente en el Explorador, ya que su Necesidad Primaria se basa en el temor que siente respecto de todo lo externo, sea complejo o trivial.

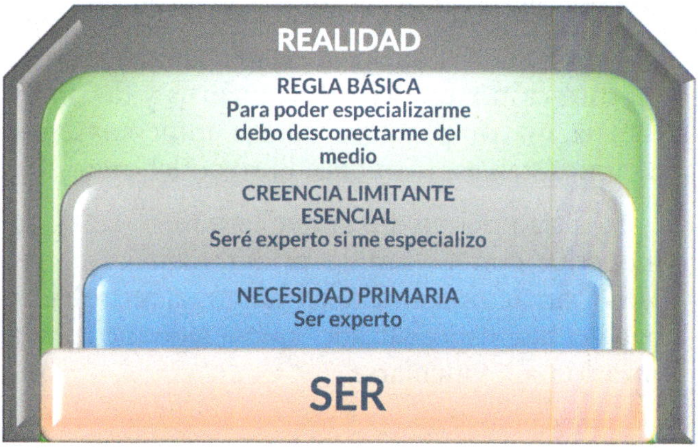

Fig. 7 - Interacción con la realidad en el Explorador

Se vuelven expertos porque al hacerlo ganan seguridad para vivir. Sienten que han dominado la realidad al poder explicarla.

Hay que aclarar que para ser expertos no necesitan llegar a niveles de biología molecular o ingeniería social, y tampoco de enfrentar y superar exámenes de grado.

Para los del *ontotipo* E - Explorador, vivir en la realidad es tan difícil o complicado como lo es averiguar la forma en la que se enciende un lavarropas o se asan unas hamburguesas.

Manejar datos precisos les dan certezas ante lo probable, sea que suceda o no.

Todo aquello que puede ser analizado, desmenuzado, dividido en partes que puedan ser identificadas, comprendidas y explicadas, deja de ser motivo para su temor.

En esta forma de vincularse con la realidad quedan comprendidos también los sentimientos y los vínculos humanos.

Todo debe ser explicado y convertido en datos.

Para poder alcanzar tan alto grado de concentración y capacidad de análisis y de síntesis, pasan la mayor parte de su día inmersos en sus diagramas, tablas, fórmulas, libros o laboratorios.

Se aíslan del medio al que le temen para poder conocerlo, con el fin de poder manejarse en el mismo sin temores. Sin embargo, desarrollan un lenguaje tan especializado que luego no pueden utilizarlo para vincularse.

> Las personas de este *ontotipo* son especialistas talentosos que, por su nivel de análisis y comprensión de la realidad, tienen la capacidad de enseñar a pensar los fundamentos de los conocimientos que otros suelen enseñar de memoria.

Y la sociedad normativa lo sabe.

F - Leal

Entre la esencia del ser Leal y la realidad externa hay un vínculo marcado por el cumplimiento de las tareas encomendadas, la sumisión a la autoridad, la responsabilidad en el desempeño de sus labores, la lealtad, la fidelidad, la filiación primaria con su grupo de pertenencia. También por la duda, la inseguridad, la dependencia y la necesidad de hallar a alguien que se haga cargo de las consecuencias derivadas de ejecutar lo que se les haya pedido realizar.

Fig. 8 - Interacción con la realidad en el Leal

Comprendamos mejor este perfil.

Son muy eficientes en sus labores, y las realizan con esmero, dedicación y baja tasa de errores al ser naturalmente responsables.

Les cuesta tomar la iniciativa porque eso los dejaría a ellos como responsables.

Esto que parece un contrasentido, en realidad, es algo muy simple.

Son muy responsables y realizan muy bien sus

tareas cuando hay alguien que se hace cargo de las consecuencias que pudieran derivarse de la acción a ser ejecutada.

En el caso de tomar la iniciativa, ese otro que se hace cargo no es otro, sino que pasa a ser la persona misma.

No hay un jefe o un supervisor.

Tampoco hay un socio o un asistente.

Crear rumbos nuevos los lleva a tener que aceptar su responsabilidad para enfrentar las consecuencias por aquello que se les ocurrió hacer; algo que difícilmente puede llegar a formar parte de su ecuación.

Por este motivo se muestran leales y fieles a aquella persona que logran identificar como una autoridad responsable que les resulta confiable.

Siguen las reglas y las cumplen sin objeciones, dado que eso es lo que la persona a cargo espera que ellos hagan.

Buscan grupos de pertenencia, porque en los mismos se sienten protegidos, dotados de una red de seguridad que los podrá contener ante cualquier contingencia que pudiera ponerlos en alguna dificultad o conflicto.

> Las personas de este *ontotipo* se adaptan muy bien tanto a las rutinas como a las actividades de índole administrativa y que tengan muy baja exigencia de interacción social basada en la empatía.

Y la sociedad normativa lo sabe.

G - Escéptico

Entre la esencia del ser Escéptico y la realidad externa hay un vínculo marcado por la duda sistemática.

Son personas que dudan acerca de todo y de todos.

No se trata de la duda que acompaña a la curiosidad y que puede desembocar en la obtención de nuevos conocimientos.

Es una duda defensiva que está llamada a proveerles la estabilidad que necesitan para sentir que pueden vivir sin estar amenazados.

Fig. 9 - Interacción con la realidad en el Escéptico

Tener estabilidad no es lo mismo que tener seguridad, como sucedía con el *ontotipo* anterior.

La estabilidad exige la ausencia de riesgo.

Al unir su necesidad de estabilidad con la duda sistemática ante cualquier evento o relación, se puede comprender que son personas que no confían en nadie más que en ellas mismas.

Esto se presenta desde la niñez más temprana, porque no es consecuencia de algo que hayan vivido y les haya afectado de algún modo.

Son personas que nacieron con un paquete genético que les hace reaccionar diferente frente a la realidad, viendo con mayor facilidad lo negativo que lo positivo, con menor flexibilidad y capacidad para salir de situaciones estresantes, y con una habilidad inusual para desarrollar un pensamiento estratégico defensivo.

Esta desconfianza natural condiciona la forma en la que se relacionan a cualquier nivel, sea en una hipotética terapia o en una pareja.

No van a terapia, y si comienzan a asistir a una, hacen un tratamiento "pantalla", por el simple hecho de no poder confiarle su mente al terapeuta.

En cuanto al amor, no pueden amar en los términos social y generalmente conocidos debido a que no confían en el otro ni lo respetan.

Suelen presentar más de una cara, mostrándose de un modo ante aquellos con los que conviven poco o con escasa interacción personal, y de otro muy diferente con los que pueden llegar a conocer sus secretos más íntimos.

Por ejemplo, fuera de su hogar obtienen el control por la escasa y superficial interacción con las demás personas. En cambio, en su medio familiar, llegan a tener reacciones explosivas e inesperadas, tendientes a desestabilizar y a controlar.

> Las personas de este *ontotipo* tienen un perfil analítico, reservado, estratégico y controlador.

Y la sociedad normativa lo sabe.

Dr. Aníbal P. Santoro

H - Hiperactivo

Entre la esencia del ser Hiperactivo y la realidad externa hay un vínculo marcado por la búsqueda de oportunidades y novedades de las cuales se pueda obtener diversión o entretenimiento.

En las personas de este *ontotipo* se detecta una tendencia natural a estar continuamente buscando alguna actividad que les permita escapar o evitar cualquier posible dolor emocional.

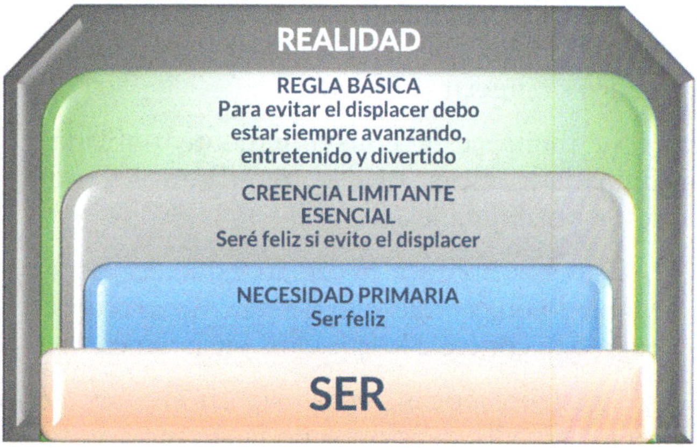

Fig. 10 - Interacción con la realidad en el Hiperactivo

La interacción con otros humanos puede considerarse como algo similar a una inversión, en la que el retorno esperado es el haber logrado alguna distracción o entretenimiento.

Suelen quebrar las reglas, tan sólo porque les resulta divertido, y nunca por una intención abierta de cometer dolo o algún tipo de daño.

Al respecto, son naturalmente competitivos y es común que compitan para divertirse haciendo trampas o travesuras.

Les causa placer pensar en el trayecto, dejando

volar su mente, y se frustran cuando el viaje termina y llegan a su destino.

Tienen gula natural por todo aquello que les posibilite llenarse de recursos con los cuales distraerse de cualquier exigencia emocional.

Consumen noticias, juegos, actividades físicas, juegos de lógica, comidas, relaciones, viajes, moda y todo aquello que les permita concentrarse en el desarrollo imaginario de lo que harán.

Por lo mismo, son excelentes para la planeación, pensar alternativas, diseñar atracciones y todo aquello que pueda llegar a requerirse para organizar e iniciar proyectos.

Su mente está constantemente poblada con infinidad de ideas, que se ramifican y producen nuevas posibilidades.

Esto los obliga a hacer un esfuerzo extra para terminar lo que comienzan o a tener que recurrir a un equipo que concrete lo que ellos pusieron en marcha.

Su mente pocas veces está en el aquí y en el ahora, y si lo logran es por un lapso muy breve.

Al no estar en el presente, se ubican en situaciones de riesgo por no ver los obstáculos en su camino, o de imprudencia social, al comentar o hacer chistes inoportunos en medio de una situación dramática que tampoco logran reconocer.

> Las personas de este *ontotipo* son muy buenos para planear actividades en general, desarrollar proyectos de toda índole y organizar eventos en los que haya que saber mantener el espíritu de la fiesta.

Y la sociedad normativa lo sabe.

I - Territorial

Entre la esencia del ser Territorial y la realidad externa hay un vínculo marcado por el ejercicio del poder y la conquista.

Es el tercero de los *ontotipos* naturalmente competitivos, junto con los ya vistos C - Modelo y H – Hiperactivo.

El Territorial no compite por aplausos ni por diversión, sino para mostrar su poder, conquistar nuevos territorios y pelear por lo que quiere lograr.

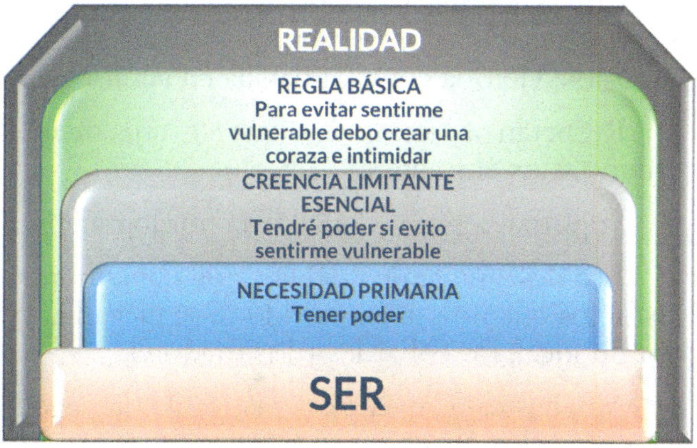

Fig. 11 - Interacción con la realidad en el Territorial

Tal consciencia acerca de su poder hace que se muestren desafiantes ante cualquier autoridad, beligerantes y capaces de caminar sobre el límite de la legalidad.

Suelen escribir su propia ley, destinada a justificar sus acciones y a cubrir a sus protegidos, por el simple hecho de saberse capaces de hacerlo.

Pueden ser vistos como lujuriosos o personas sin contención y propensa a excesos de toda índole, también, porque saben que pueden.

Ellos son conscientes de lo que son capaces de hacer, aunque no deban, y por eso se atreven.

Es importante acompañarlos en la niñez temprana, precisamente, para que descubran y desarrollen el significado distintivo que tienen el deber y el poder. Esto los dota con una estructura de contención, basada en la consideración, que los apartan del posible camino hacia la delincuencia.

No se pone en duda lo que pueden y se les enseña a respetar y cumplir con lo que deben.

Como guerreros naturales, la lucha de poderes es uno de sus juegos preferidos, disfrutando tanto la posible victoria como la batalla en sí misma.

Respetan a los osados que se cruzan en su camino y los enfrentan.

Soportan a todo el que lucha por lograr algo.

Les desagradan los débiles, los quejumbrosos, los tibios que no toman partido ni se juegan la vida por un ideal, los cobardes y los traidores.

Muchas estrellas deportivas, gente de negocios y empresarios tienen este perfil aguerrido.

Son protectores y proveedores, y les cuesta recibir lo que no solicitan.

Son capaces de amar cuando se flexibilizan y se permiten mostrarse vulnerables ante el otro.

> Las personas de este *ontotipo* pueden ser vistas como feudales que hacen todo lo necesario por proteger y acompañar a sus feudos hacia su propio crecimiento.

Y la sociedad normativa lo sabe.

Dr. Aníbal P. Santoro

J - Armonizador

Entre la esencia del ser Armonizador y la realidad externa hay un vínculo marcado por la generosidad, la empatía, la visión naturalmente positiva, el amor incondicional y la defensa del débil ante las injusticias.

Reciben la vida sin filtros ni expectativas.

Tienen la capacidad de poder fluir y de crear soluciones o de hallar caminos alternativos para sortear los obstáculos que pudieran encontrar.

Suelen despegarse de la realidad, negando problemas o dificultades para poder seguir soñando con lo posible, en tanto el tiempo hace su labor.

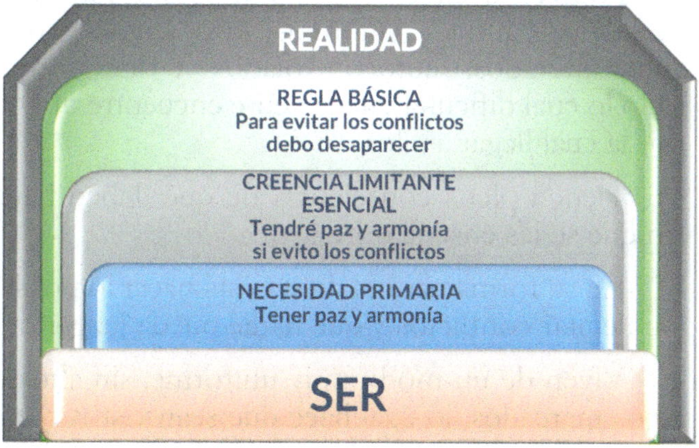

Fig. 12 - Interacción con la realidad en el Armonizador

Son reservados y les desagradan tanto los cuestionamientos como tener que explicar sus acciones, ya que eso, además, los obliga a detenerse y mirar hacia atrás.

No indagan en los porqués ni buscan identificar culpables o responsables, dedicando sus esfuerzos y energía a resolver lo que pudiera interrumpir el transparente fluir en la vida.

En sus relaciones, son incondicionales.

Esto, aunado a su hiperadaptabilidad, favorece que con frecuencia sean víctimas de abusos.

Pueden relegarse con facilidad al anteponer el bienestar de su entorno a sus propias necesidades.

Se pueden enojar con facilidad, pero consigo, al ver que perdieron la oportunidad de realizar aquello que querían tras alterar su agenda por otros.

Casi no expresan lo que quieren o necesitan, y se conducen de un modo simple, necesitando escasos recursos.

Podría decirse que son portadores de cualidades "auto-". Automotivados, autoexigentes, autocontenidos, autocontrolados y autónomos, todo lo cual dificulta que la gente encuentre una vía por la cual llegar a ellos.

Tienen plena consciencia de qué deben hacer sin que se les enseñe o exija.

En su forma natural de ser está hacer lo posible para evitar conflictos y que nadie pueda juzgarlos.

Viven de un modo muy uniforme, sin altos ni bajos marcados, lo cual hace que sean vistos como planos e inexpresivos.

> Las personas de este *ontotipo* se adaptan a casi cualquier situación, logrando soportar y sobreponerse a eventos en los que otros desisten o sucumben.

Y la sociedad normativa lo sabe.

¿Cómo puedo crecer?

Te he mostrado una breve descripción de las características generales presentes en cada *ontotipo* para que puedas asimilar, de un modo más natural y efectivo, la naturalidad de las diferencias.

Cada *ontotipo* tiene una predisposición o una afinidad al empleo de mecanismos de defensa específicos.

Esto influye en toda relación humana, sea interfiriendo o facilitando la construcción de la misma.

Esta interdependencia a partir de lo que no está presente, es decir, aquellas características de un *ontotipo* que no se corresponden con las de otro, hace pensar que pudiera ser más práctico y sencillo trabajar en aquellos aspectos comunes a ambas partes.

Considerarlo de este modo puede ser un error.

Podría llegarse a pensar que es más fácil y efectivo olvidarse del individuo y su ser, para que sus "particularidades" no estorben su desempeño, su productividad ni la obtención de lo que se necesita y espera del mismo.

Este pragmatismo es útil para el medio, pero no para ti.

Cuando te confunden con tu función, con el papel que desarrollas, se minimiza hasta casi la desaparición la expresión de tus significados, tus emociones, tus razones para ser y querer construir.

Como si tu motivación no importara porque lo que tiene o debería tener prioridad es lo que se te pide que hagas.

Vamos a ver que cada *ontotipo* tiene, principalmente y entre algunos más, un aspecto central a ser trabajado.

Si te has podido reconocer en alguno de los *ontotipos*, resiste a la tentación de leer solamente lo referente al tuyo.

Leer la totalidad de lo que te comparto a continuación te va a permitir tomar consciencia e incorporar nociones acerca de qué es aquello que motiva o detiene a la persona que esté frente a ti.

Para que no te sorprendas, te comento que lo que sigue lo presento con un mismo esquema en el que sólo cambio lo referido a cada *ontotipo.*

Luego de explicarte la dinámica entre los elementos estructurantes de la personalidad, verás que todos los *ontotipos* tienen que poder acceder al recurso que llamamos Recuperación.

Va a parecer que se trata de lo mismo, pero no lo es, porque cada ser humano es único.

Volvemos a algo que se ha ido asentando con el transcurso de la lectura.

"En lo único en lo que todos somos iguales
es en que todos somos diferentes"

A - Educador

En la dinámica de los elementos estructurantes de la personalidad para el *ontotipo* A-Educador, vimos que, debido a su Necesidad Primaria de "Ser perfecto", para completar la natural ausencia de datos, le da forma a una Creencia Limitante Esencial que condiciona sus posibilidades para significar la realidad, que le hace creer que "Será perfecto si se controla". Para poder vivir a partir de esta perspectiva, desarrolla una Regla Básica que le dicta que "Para controlarse debe reprimir sus impulsos".

Dada esta dinámica, la forma de incorporar espontaneidad y de valorar al juego improductivo es en la modalidad propia de su Recuperación, que se corresponde con el *ontotipo* H-Hiperactivo.

Profundizando un poco en lo psicodinámico, el Educador es marcadamente *superyóico* y el Hiperactivo es justo lo opuesto.

Te lo traduzco.

El Educador es el que hace las cosas bien, con corrección, respetando normas y leyes.

En cambio, el Hiperactivo es el que hace trampas al competir, tan sólo porque le divierte.

Entonces, si eres de este *ontotipo*, tienes que trabajar en:

> Comprender que la perfección va en contra del proceso llamado vida, caracterizado por estar en constante cambio, y permitirte la espontaneidad junto a momentos de juego sin reglas.

B - Consejero

En la dinámica de los elementos estructurantes de la personalidad para el *ontotipo* B-Consejero, vimos que, debido a su Necesidad Primaria de "Ser amado, querido, necesitado", para completar la natural ausencia de datos, le da forma a una Creencia Limitante Esencial. Con la misma quedan condicionadas sus posibilidades para significar la realidad, que le hace creer que "Será amado si se dedica a los demás". Para poder vivir a partir de esta perspectiva, desarrolla una Regla Básica que le dicta que "Para dedicarse a los demás debe sacrificarse y ser servicial".

Dada esta dinámica, la forma de apartarse un poco del medio al cual cree que necesita para sentirse amado, querido o necesitado, es mediante la introspección que le permite descubrir la riqueza ignorada de su mundo interior. Es decir, con la modalidad propia del *ontotipo* D-Especial.

Profundizando en lo psicodinámico, el Consejero es dependiente del exterior e invierte en las relaciones para satisfacer su necesidad de saberse elegible, en tanto que el Especial es empático e introspectivo, sabe quién es, con independencia de la aprobación o desaprobación de su entorno, y tiene certezas respecto a su identidad.

Entonces, si eres de este *ontotipo*, tienes que trabajar en:

> Aceptar que te procuras cuidados cuando te quieres, y llegar a sentir que no debes hacer algo para ser querido.

C - Modelo

En la dinámica de los elementos estructurantes de la personalidad para el *ontotipo* C-Modelo, vimos que, debido a su Necesidad Primaria de "Ser valorado", para completar la natural ausencia de datos, le da forma a una Creencia Limitante Esencial que condiciona sus posibilidades para significar la realidad, que le hace creer que "Será valorado por lo que hace y tiene". Para poder vivir a partir de esta perspectiva, desarrolla una Regla Básica que le dicta que "Para hacer y tener debe ser el mejor".

Dada esta dinámica, la forma de apartarse de la seguridad arrolladora propia de aquel que compite para ganar fama y trofeos es incorporando a la duda como un beneficio, la estructura normativa y la responsabilidad sobre lo que hace. Es decir, con la modalidad del *ontotipo* F-Leal o G-Escéptico.

Profundizando en lo psicodinámico, el Modelo es dependiente del exterior y el Leal o el Escéptico son *superyóicos*, normativos y estructurados.

El Modelo depende del medio, compitiendo para ganar valía y seguridad por lo que hace o posee.

En tanto que los *ontotipos* Leal y Escéptico dudan y tienen dificultades con su confianza. El Leal no confía en sí mismo y el Escéptico no confía en su entorno.

Entonces, si eres de este *ontotipo*, tienes que trabajar en:

> Aceptar que eres tu mejor público y poder valorarte a ti mismo.

D - Especial

En la dinámica de los elementos estructurantes de la personalidad para el *ontotipo* D-Especial, vimos que, debido a su Necesidad Primaria de "Tener identidad siendo auténticamente uno mismo", para completar la natural ausencia de datos, le da forma a una Creencia Limitante Esencial. Así, quedan condicionadas sus posibilidades para significar la realidad, por lo que cree que "Tendrá identidad cuando se conozca". Para poder vivir a partir de esta perspectiva, desarrolla una Regla Básica que le dicta que "Para conocerse debe ahondar en su mundo interior".

Dada esta dinámica, la forma de salirse del ensimismamiento del mundo interior es mediante rutinas, estructura, cumplimiento de obligaciones para con el mundo exterior. En otras palabras, con la modalidad del *ontotipo* A-Educador.

Profundizando en lo psicodinámico, el Especial es sensible y empático, en tanto que el Educador es *superyóico*, estructurado y capaz de dejar a un lado lo sensible para poder cumplir con lo que debe hacerse.

Esta diferencia del comportamiento obliga al Especial a asomarse al mundo para cumplir con lo que debe ser.

Entonces, si eres de este *ontotipo*, tienes que trabajar en:

> Volverte más racional, objetivo
> y productivo, haciendo algo
> para y por los demás.

Dr. Aníbal P. Santoro

E - Explorador

En la dinámica de los elementos estructurantes de la personalidad para el *ontotipo* E-Explorador, vimos que, debido a su Necesidad Primaria de "Ser experto", para completar la natural ausencia de datos, le da forma a una Creencia Limitante Esencial que condiciona sus posibilidades para significar la realidad, que le hace creer que "Será experto si se especializa". Para poder vivir a partir de esta perspectiva, desarrolla una Regla Básica que le dicta que "Para poder especializarse debe desconectarse del medio".

Dada esta dinámica, la forma de alejarse de la concentración excesiva y constante, es pasando a la interacción con el mundo exterior. Pero no de cualquier tipo, sino una en la que primero se actúa y luego, quizás, se piensa. En otras palabras, con la modalidad del *ontotipo* I-Territorial.

Profundizando en lo psicodinámico, el Explorador es estrictamente *superyóico* y, a la vez, temeroso, en tanto que el Territorial es visceral, impulsivo y de acción.

El beneficio extra de "atreverse" a actuar impulsivamente es que no hay oportunidad para medir las consecuencias. Es decir, que no hay lugar para el temor ni para analizar completamente la situación para elegir la mejor opción al decidir.

Entonces, si eres de este *ontotipo*, tienes que trabajar en:

Atreverte a ser social, lúdico,
conectarte con tu cuerpo, y
llevar tu pensamiento a la acción

F - Leal

En la dinámica de los elementos estructurantes de la personalidad para el *ontotipo* F-Leal, vimos que, debido a su Necesidad Primaria de "Tener seguridad", para completar la natural ausencia de datos, le da forma a una Creencia Limitante Esencial que condiciona sus posibilidades para significar la realidad, que le hace creer que "Tendrá seguridad si recibe claras directrices". Para poder vivir a partir de esta perspectiva, desarrolla una Regla Básica que le dicta que "Tendrá claras directrices si le guían".

Dada esta dinámica, la forma de abandonar la red de seguridad provista por la pertenencia a un grupo es olvidándose de un mismo, cambiando el vínculo con lo posible y los miedos, y fluyendo sin metas ni condiciones. En otras palabras, con la modalidad del *ontotipo* J-Armonizador.

Profundizando en lo psicodinámico, el Leal es *superyóico* exigente hacia sí mismo, temeroso, fóbico, responsable, ansioso, organizado, rutinario, estructurado y suele esperar lo peor, en tanto que el Armonizador es empático, sensible, relajado, positivo, automotivado y autónomo.

Entonces, si eres de este *ontotipo*, tienes que trabajar en:

> Aprender a dudar de tus dudas sobre ti para poder creer en tu criterio y ser tu propio guía.

G - Escéptico

En la dinámica de los elementos estructurantes de la personalidad para el *ontotipo* G-Escéptico, vimos que, debido a su Necesidad Primaria de "Tener estabilidad", para completar la natural ausencia de datos, le da forma a una Creencia Limitante Esencial que condiciona sus posibilidades para significar la realidad, que le hace creer que "Tendrá estabilidad si tiene el control". Para poder vivir a partir de esta perspectiva, desarrolla una Regla Básica que le dicta que "Para tener el control debe manipular y desestabilizar a los demás".

Dada esta dinámica, nuevamente, la forma de salirse de la trampa impuesta por la desconfianza y la necesidad de tener el control es adoptando características propias del *ontotipo* J-Armonizador.

Profundizando en lo psicodinámico, el Escéptico es *superyóico* hacia los demás, ansioso, rebelde, opositor, temerario, contrafóbico, desconfiado, capaz de ocultarse tras muchas máscaras. Es un buscador de alianzas defensivas que siente que el mundo está en su contra. En cambio, el Armonizador fluye, es confiado, empático, directo, de una sola cara, transparente y capaz de hacer alianzas para ayudar a débiles, víctimas o desvalidos, al mismo tiempo que se olvida de sí.

Entonces, si eres de este *ontotipo*, tienes que trabajar en:

> Aprender a dudar de tus dudas sobre los demás para poder confiar sabiendo que el control es sólo una ilusión.

H - Hiperactivo

En la dinámica de los elementos estructurantes de la personalidad para el *ontotipo* H-Hiperactivo, vimos que, debido a su Necesidad Primaria de "Ser feliz", para completar la natural ausencia de datos, le da forma a una Creencia Limitante Esencial que condiciona sus posibilidades para significar la realidad, que le hace creer que "Será feliz si evita el displacer". Para poder vivir a partir de esta perspectiva, desarrolla una Regla Básica que le dicta que "Para evitar el displacer debe estar siempre avanzando, entretenido y divertido".

Dada esta dinámica, la forma de ceder el centro de la escena y dejar de ser el maestro de ceremonias es descubriendo y desarrollando su capacidad para concentrarse en un único tema. Algo natural en la modalidad del *ontotipo* E-Explorador.

Profundizando en lo psicodinámico, al Hiperactivo le falta una estructura superyóica internalizada de contención y se dispersa con facilidad en el frondoso mundo de sus ideas, en tanto que el Explorador es *superyóico*, exigente hacia el exterior y estricto hacia sí, estructurado, enfocado, lógico y capaz de especializarse en un tema.

Entonces, si eres de este *ontotipo*, tienes que trabajar en:

> Desarrollar tu tolerancia a la frustración de modo tal que puedas incorporar la calma sin que necesites distractores externos.

I - Territorial

En la dinámica de los elementos estructurantes de la personalidad para el *ontotipo* I-Territorial, vimos que, debido a su Necesidad Primaria de "Tener poder", para completar la natural ausencia de datos, le da forma a una Creencia Limitante Esencial que condiciona sus posibilidades para significar la realidad, que le hace creer que "Tendrá poder si evita sentirse vulnerable". Para poder vivir a partir de esta perspectiva, desarrolla una Regla Básica que le dicta que "Para evitar sentirse vulnerable debe crear una coraza e intimidar".

Dada esta dinámica, la forma de modificar la rigidez y de abandonar su imagen intimidatoria para contactar con su sensibilidad y su vulnerabilidad, es saliendo de la torre de su castillo, dejando de ser el feudal que provee y protege, para mezclarse entre sus feudos siendo uno más. Elegible, sí, pero uno más. En otras palabras, con la modalidad del *ontotipo* B-Consejero.

Profundizando en lo psicodinámico, el Territorial es visceral, rígido, intimidante y determinante, en tanto que el Consejero es sociable, seductor, adulador, capaz de admirar al otro y ponerse a su servicio sin que le interese arrebatarle su poder. Amar implica respetar y confiar, asumiendo el riesgo de mostrar la propia vulnerabilidad.

Entonces, si eres de este *ontotipo*, tienes que trabajar en:

Sentir el poder que tiene sentir.

J - Armonizador

En la dinámica de los elementos estructurantes de la personalidad para el *ontotipo* J-Armonizador, vimos que, debido a su Necesidad Primaria de "Tener paz y armonía", para completar la natural ausencia de datos, le da forma a una Creencia Limitante Esencial que condiciona sus posibilidades para significar la realidad. Esta le hace creer que "Tendrá paz y armonía si evita los conflictos". Para poder vivir a partir de esta perspectiva, desarrolla una Regla Básica que le dicta que "Para evitar los conflictos debe desaparecer".

Dada esta dinámica, la forma de aterrizar y de contactar con la realidad, enfrentando posibles conflictos y sus consecuencias, es dejando de desaparecer y ganando presencia. Para flexibilizar su auto-normativa natural y exponerse, aunque eso genere conflictos, tiene que aprender a moverse en el mundo exterior. En otras palabras, con la modalidad del *ontotipo* C-Modelo.

Profundizando en lo psicodinámico, el Armonizador es sensible, empático, con facilidad para negar tanto los problemas concretos como los posibles mientras se adentra en un mundo de fantasías, portador de una normativa natural más allá de lo aprendido, en tanto que el Modelo es competitivo, desafiante y buscador de éxito.

Entonces, si eres de este *ontotipo*, tienes que trabajar en:

> Permitirte brillar y comprender que la paz reside en descubrir que tienes los recursos para resolver cualquier conflicto cuando estás presente.

Dr. Aníbal P. Santoro

¿Hay alguna técnica?

Esta es una pregunta complicada por lo fácil que pudiera ser responderla.

Lo sencillo sería decirte que sí y entregarte algunos ejercicios caseros que propicien cambios en tus hábitos o alguna terapia o reprogramación que te ayude a modificar tu conducta.

También se podría indicar alguna "pastilla mágica" que trabajara en el ámbito de tu química cerebral, alterándola, para apartarte de tu esencia y de las características que te son propias.

Incluso pudiera llegar a ofrecerte el uso de un casco magnético que te reinicie tu cerebro, como en la película *Eterno resplandor de una mente sin recuerdos*, con Jim Carey, en la que se trataba el tema del borrado selectivo de memorias.

Ya ves, en tres párrafos te pude proponer cuatro o cinco caminos posibles. Fue fácil.

Sin embargo, también te comenté que era una pregunta complicada.

El motivo está en que todo lo que te sugerí es provisorio y requiere de "retoques" periódicos.

Incluso, la conocida "cura por la palabra" pudiera llegar a ser insuficiente o inefectiva si es que te ubica como un caso o un objeto de estudio del que se analizan los desvíos de un modelo estándar.

Todos ellos te impiden descubrir y acceder al verdadero valor que tiene tu vida para ti.

Volviendo a la pregunta inicial, sí, claro que la hay, pero necesito explicarte algo primero.

Y la sociedad normativa lo sabe

Este es el punto en el que cobra sentido el reiterado señalamiento al final de la presentación de cada uno de los *ontotipos*.

Primero, entendamos a qué me refiero con lo de "sociedad normativa" para, después, aclarar el efecto que tiene ese "lo sabe" en tu vida.

La sociedad la constituimos todos, y en eso no hay misterio.

Existen diferentes niveles que se corresponden con distintas motivaciones y capacidades o interés en crear, aprovechar o descartar oportunidades.

Ningún juicio de valor al respecto, ya que, por el momento, es el modelo social en el que vamos desarrollando nuestra existencia diaria.

Si hubiera que propiciar un cambio de dicho modelo, habría que analizarlo en otro libro en el que lo social, el gobierno o la economía fuesen el eje rector.

En *Crecer para Ganar* quiero centrarme en ti y en tus oportunidades.

Por ello hablo de "sociedad normativa", porque es la parte del modelo social que está destinada a regular tu vida, tus posibilidades, tu capacidad para elegir en libertad, lo que constituye lo normativo.

Sociedad normativa y control sobre ti son conceptos equivalentes.

Considera que las leyes no han sido diseñadas para garantizar tus libertades, sino para establecer un marco dentro del cual las mismas pueden manifestarse.

Visto de otro modo, las leyes regulan cuánta libertad se te permite tener.

Obviamente, para poder conformar y vivir en una sociedad, dichos marcos son necesarios.

El problema está en el hecho de que, al educarte para vivir en una determinada sociedad, estás incorporando lo que debes ser y te olvidas de quién eres en realidad.

Mediante la educación te formas, pero también te alejas de tu esencia, e incluso alteras tu propia percepción de la realidad.

Puedes llegar a dejar de creer en ti y a depender de la opinión externa para poder decidir sobre temas importantes para el desarrollo de tu vida y tu futuro.

Claro está que, con la breve descripción que te he aportado sobre la diversidad natural que existe en las formas naturales de ser, no todos responden del mismo modo ante esa "intención" de limitar las posibilidades para ser uno mismo.

Esto, que pudiera comenzar a considerarse como algo claro u obvio, también podría llegar a verse como algo intrascendente que no aporta ningún beneficio y no justifica detenerse a pensar.

Esa postura es la que pudiera estar equivocada.

Es el momento de completar el análisis trayendo la parte referida al "lo sabe".

Si ubicamos nuestro observador desde los objetivos que persigue una sociedad normativa, todo o la mayoría de sus controles parecen ser lógicos y congruentes con el objetivo de brindar un espacio posible para todos dentro de la sociedad.

El problema está en el sitio del observador.

Cambiémoslo por un momento.

Si tu perfil incluye la tendencia a la dirección, a lo social, a la alta competición, al arte, al análisis, a la rutina, al control, a la fiesta, a la conquista y a la armonía, no hay nada más que decir.

Espera. Vuelve a leer y analiza conmigo.

Dije que "... tu perfil incluye..." y concluí con un nexo "y" la secuencia de características buscadas por la sociedad.

Sin embargo, al final de la página 86 te expuse que en lo único en lo que todos somos iguales es en que todos somos diferentes.

En otras palabras, no existe ningún ser humano que pueda cumplir con todas estas "exigencias" que buscan cubrir las necesidades de la sociedad normativa.

La consecuencia que provoca la efectividad del proceso formativo/educativo sobre ti es que creces creyendo que si no eres gerente no sirves, o si no eres enfermera o enfermero tampoco sirves.

Podemos seguir analizando qué pasa contigo cuando ves a un atleta lograr ese salto imposible para ti, o cómo reacciona tu emocionalidad ante una obra de arte que te excede en tus posibilidades y habilidades.

Y así con el resto de las características descritas anteriormente.

El manejo intencional de tu insatisfacción personal abre el camino al control sobre ti y a la manipulación de tu voluntad.

Entiendo que puedas llegar a pensar que ese es el precio a pagar por vivir en sociedad.

Pero ¿qué pensarías si te dijera que la exacerbación de aquella característica útil para la sociedad, y que es natural en cada individuo, es lo mismo que te lleva a tu debilitamiento?

Déjame aclararte este punto.

Cada uno de los *ontotipos* tiene un conjunto de recursos, que te describí entre las páginas 45 y 60 de este libro.

Uno de ellos son los mecanismos de defensa, recordando que cada *ontotipo* tiene su grupo preferido o dominante de mecanismos a los cuales recurrir.

En la página 50 expuse que si los mecanismos de defensa se sostienen por mucho tiempo te comienzas a debilitar porque estás interactuando menos, o de un modo filtrado, con la realidad.

Ese debilitamiento se manifiesta con trastornos y diversas patologías.

Comencemos a unir todos estos datos.

Si cada *ontotipo* tiene su propio paquete de mecanismos de defensa, también tiene su propia facilidad o predisposición para desarrollar ciertas patologías.

Curiosamente, cada una de ellas puede detonarse tanto por la activación sostenida del mecanismo de defensa como por la intensificación de las características innatas de cada individuo.

Sucede que la sociedad normativa, con su organización y poder, activa a ambas posibilidades.

Te exige que intentes ser eficiente haciendo

algo que no te es natural, con lo cual recurres a tus mecanismos de defensa para que puedas seguir desempeñándote en lo que no es tuyo. Ya vimos que esto tiene un efecto en ti.

Al mismo tiempo, si te desarrollas solamente en lo que te es natural, corres el riesgo de perpetuarte en un aspecto, limitado y tal vez más evidente, de todo lo que puedes hacer. Esto también tiene, prácticamente, el mismo efecto en ti.

Claro está que, en este punto y teniendo en cuenta todo lo dicho, pudieras pensar que no tienes escapatoria, ya que te debilitas tanto si te defiendes como si haces aquello que te es natural.

El razonamiento es lógico, pero aún hay más en tu favor para que te puedas fortalecer y crecer.

El que lo logres, no depende de lo que un marco legal te permita y tampoco de la calidad de lo que has recibido al educarte o formarte como ciudadano.

Recuerda que te presenté "más" recursos que están en ti y que, hasta ahora, no los he utilizado.

En la sección "Volviendo a ti", que sigue a la actual, te presento su utilidad para que puedas fortalecerte y superar las exigencias y limitaciones que presupone vivir en cualquier sociedad.

Tras haberte aclarado que tienes recursos suficientes y que hay una forma de evitar tu debilitamiento, te presento una lista resumida de lo que podría llegar a suceder con tu vida, según sea tu *ontotipo*, si pierdes completamente tu equilibrio.

Por cierto, dicho equilibrio se vuelve inestable, tanto si dejas de serte leal y permites que la sociedad normativa regule tu vida, como si te perpetúas por comodidad en sólo un aspecto de tu rica vida.

A-Educador

Se rige por la búsqueda de la perfección y la represión de sus impulsos.

Puede derivar en un trastorno obsesivo-compulsivo.

B-Consejero

Se rige por la búsqueda de la aceptación, en forma de amor, cariño, necesidad o deseo, a partir de los servicios que brinda.

Puede derivar en rasgos histéricos o histriónicos.

C-Modelo

Se rige por la búsqueda de la valoración de su persona, en función de lo que hace o posee.

Puede derivar en rasgos de carácter narcisista o megalómano.

D-Especial

Se rige por la búsqueda de su identidad a partir de una profunda introspección.

Puede derivar en rasgos melancólicos o depresivos.

E-Explorador

Se rige por la búsqueda del conocimiento que lo vuelva experto, desconectándose de su medio.

Puede derivar en rasgos de carácter esquizoide o esquizotípico, y podría llegar a una esquizofrenia.

F-Leal

Se rige por la búsqueda de la seguridad basándose en la obtención de claras directrices.

Puede derivar en rasgos de carácter masoquista o de

carácter evitatorio, y podría llegar a manifestar conductas fóbicas e hipocondríacas.

G-Escéptico

Se rige por la búsqueda de la estabilidad y la ausencia de riesgos mediante la desestabilización y el control de su entorno.

Puede derivar en rasgos de carácter inestable, sádico, o en un trastorno de personalidad que puede llegar a la paranoia.

H-Hiperactivo

Se rige por la búsqueda de la felicidad a través de la diversión y el entretenimiento.

Puede derivar en rasgos de carácter hipomaníaco o maníaco o, incluso, en la manía.

I-Territorial

Se rige por la búsqueda de oportunidades para utilizar su poder, recurriendo a la intimidación para ocultar su vulnerabilidad.

Puede derivar en rasgos de carácter beligerante o psicópata.

J-Armonizador

Se rige por la búsqueda de la paz y la armonía, evitando los conflictos al desaparecer de la escena.

Puede derivar en rasgos de carácter pasivo-agresivo o dependiente.

> Tu logro te pertenece y lo alcanzas al ponerte en marcha hacia tu encuentro contigo, porque lo que sigue en tu camino es… volver a tu esencia.

Dr. Aníbal P. Santoro

Volviendo a ti

Al terminar la sección anterior mencioné que lo que seguía era volver a tu esencia, es decir, a tus orígenes.

Claro está que ahora, tras haber sido educado y de haber podido formar parte de una sociedad, cuentas con muchas más herramientas, algunas de las cuales no son adecuadas para ti o, simplemente, son inútiles y te restan espacio vital.

Uno de los objetivos de haberte tendido la mano y de acompañarte a llegar hasta aquí ha sido el poder traer a la luz de tu consciencia la existencia de esta variedad de formas naturales y normales de ser.

Quizás, hayas podido identificar tu tipo de personalidad esencial o estés sospechando que perteneces a alguna combinación sin saber si la misma existe o no.

Más allá de que siempre puedes resolver tus dudas recurriendo a los libros en los que hemos escrito nuestra teoría OntoPsiquis, lo importante está en el hecho de que ya no te estarías viendo dentro del rango estándar que le sirve a la sociedad normativa.

El truco es simple.

Cuando se presentan este tipo de dudas, también van apareciendo y organizándose permisos para pensar lo posible.

> Al poder descubrir quién no eres estás pudiendo definir parte de quién sí eres.

Si pensamos juntos en el título de este libro, y buscamos el significado implícito en el mismo, vemos que comienza con un verbo.

Crecer.

Una simple palabra asociada a una acción que puede significar muchas cosas, dependiendo de aquel que la lee y del contexto en el que lo hace.

Como ya me has permitido acompañarte largo rato en tu lectura, voy a poner el contexto.

Crecer desde ti.

Te explico mi punto.

Si iniciaras y concluyeras un proceso general de desarrollo humano o de habilidades, simplemente, estarías ganando fortaleza en aquellos aspectos que el entorno necesita de ti, sobre la base de lo que se supone que ya has aprendido.

Eso sería un ejemplo de crecer desde lo que se te ha enseñado.

Por el contrario, si previo a que comiences un proceso de desarrollo personal, te esfuerzas para identificar y retirar las capas con las que la cultura pretende esconder o hacer desaparecer aquellas de tus características naturales que son vistas como incómodas o no deseables, el resultado será que podrás contactar con tu Ser y hacerlo crecer desde ti.

Podrías estar encontrando un nuevo permiso, propio e interno, que te habilita a "desaprender para aprender".

Este aparente juego de palabras encierra un triple interrogante.

Primero, no se define qué se "desaprende".

Segundo, no aclara qué se "aprenderá".

Finalmente, debido a ese vacío de información, resulta difícil descubrir el sentido que tiene el "para".

Desaprender se refiere al retiro de esas capas culturales que hicieron que te apartaras de tu propio centro, desaparecieras de tu propia consciencia y alteraras tu percepción de la realidad.

Aprender está relacionado con el re-conocerte que te había anticipado en la Introducción.

Como ahora cuentas con más herramientas, ese guion en el medio sí tiene sentido y marca una diferencia.

Re-conocerte significa que vuelvas a conocerte, dándote la oportunidad de que, al descubrirte, aprendas todo lo que puedas acerca de ti en vez de enfocarte en la máscara social o la imagen que te enseñaron a proyectar.

En este contexto, ese "para" es tu intención de cambiar tu posición y esta representa el portal de acceso a tu forma natural de ser.

Sin embargo, aunque sea interesante la idea acerca de que es posible hacer un reinicio de tu vida, es necesario incorporar un elemento más.

Puede que te resulte extraño recibir lo que te voy a decir, porque ese elemento eres tú.

Es por esto que titulé así a esta sección.

> La fortaleza de tu mente, que abarca tanto lo consciente como lo inconsciente, incluye recursos que le dan alas a tu libertad cuando los reconoces y te atreves a utilizarlos.

La magia está en ti

Algunas páginas atrás, en la sección que nombré "¿Cuáles son mis recursos?", te presenté una batería de recursos que forman parte de nuestro pañol.

No servirían de nada las descripciones que allí escribí si no las fuéramos a utilizar.

La teoría es útil cuando la comprendes y la llevas a la práctica.

Si bien cada *ontotipo* tiene un conjunto definido de recursos, podemos encontrar que existen dos agrupamientos que se distinguen entre sí por una mínima diferencia.

Ambos grupos cuentan con:

- ✓ Elementos estructurantes de la personalidad, que la definen, e incluyen:
  - ➢ Necesidad Primaria
  - ➢ Creencia Limitante Esencial
  - ➢ Regla Básica
- ✓ Mecanismos de defensa
- ✓ Refugio
- ✓ Recuperación
- ✓ *Insight*
- ✓ *Outsight*

La diferencia la encontramos en el hecho de que en un grupo observamos que sólo está presente la Sombra y en el otro sólo se manifiestan los Pivotes.

Vimos que cada *ontotipo* tiene una cierta predisposición a utilizar sólo ciertos mecanismos de defensa para superar las exigencias que surgen al interactuar con la realidad.

También presenté el valor que tienen tanto el Refugio, para ponernos a salvo ante una evaluación inconsciente de nuestras posibilidades ante una determinada situación, como la Recuperación, para desactivar nuestra Creencia Limitante Esencial y lograr modificar nuestro comportamiento habitual.

Dejé explicaciones y ejemplos respecto de la Sombra y los Pivotes.

¿Y la magia dónde está?

En el hecho de que cada uno de los recursos mencionados se corresponde con la modalidad de otro *ontotipo* diferente del propio.

No se trata de un trastorno de personalidad múltiple, encubierto y listo para dificultarnos la vida.

Por el contrario, son recursos porque vienen a complementar aquello que a nuestro tipo de personalidad esencial dominante no le resulta común considerar dentro de sus posibilidades.

Denominamos de ese modo a los elementos estructurantes de la personalidad porque son únicos para cada *ontotipo* y porque, no obstante que se pueda llegar a desactivar la Creencia Limitante Esencial y modificar un poco la Regla Básica, la Necesidad Primaria que dirige nuestras acciones en la vida permanece inalterable en el tiempo.

Como dije, utilizamos la modalidad de los diferentes *ontotipos*.

Es decir, que sólo se ponen sus características más dominantes al servicio de lo que pudiera requerirse para lograr tanto la supervivencia de la persona como la satisfacción de su Necesidad Primaria original.

En la página 62 escribí que no era verdad que todos tuviéramos características de todos, y es tu magia lo que confirma esa afirmación.

Piensa que estos 10 *ontotipos* se pueden organizar en tres grupos diferentes.

En un primer grupo, sensible, emocional, de placer empático, marcados por el querer y el contacto que transforma al ser, están los *ontotipos* D-Especial, I-Territorial y J-Armonizador.

En un segundo grupo, detallista, normativo, administrador, analítico, marcado por el deber, la duda, el miedo y el contacto que no llega a alcanzar al otro, encontramos a los *ontotipos* A-Educador, E-Explorador, F-Leal y G-Escéptico.

En el tercer grupo, muy social, activo, buscador de oportunidades para aparecer y ser visto, con un tipo de contacto que está basado en lo que pueden obtener al invertir en una relación, están los *ontotipos* B-Consejero, C-Modelo y H-Hiperactivo.

Esto le agrega un poco de color a la variedad de formas de ser, debido a que la perspectiva y el modo en el que un *ontotipo* puede ver la vida siempre difieren de cómo lo hace cualquier otro.

En las siguientes cinco páginas te dejaré una relación de modalidades de los *ontotipos* que sirven como recursos para cada *ontotipo.*

Recórrelas con detenimiento, observando que en ninguno de los 10 *ontotipos* existen todos y cada uno de los 9 restantes, y presta atención a la integración de todos los recursos en un Yo equilibrado y fortalecido.

A-Educador

- Necesidad Primaria (como guía inalterable)
  Ser perfecto
- Componente de Acción (sólo uno de estos dos)
  J-Armonizador o B-Consejero
- Componente de Reacción (sólo uno de estos dos)
  B-Consejero o J-Armonizador
- Refugio
  D-Especial
- Recuperación
  H-Hiperactivo
- Sombra
  E-Explorador

➢ *Ontotipos* faltantes
C-Modelo / F-Leal / G-Escéptico / I-Territorial

> Al buscar la perfección, la persona con este *ontotipo* se siente obligada a cumplir, tanto con lo que ha aprendido que debe hacer como con lo que cree que se espera que sea hecho por ella.
>
> La represión de sus impulsos rige su vida y esto le impide disfrutar con las cosas simples.
>
> Si sólo se condujera según ese patrón, su debilitamiento sería inevitable. Sin embargo, puede contrarrestar su destino normativo al integrar todos sus recursos, con la fuerte sensibilidad del Especial y con la creatividad y espontaneidad del Hiperactivo.
>
> Finalmente, con la integración del Explorador se puede concentrar en lo que le interesa y olvidarse de los compromisos, las formalidades y su buen comportamiento.

B-Consejero

- Necesidad Primaria (como guía inalterable)
  Ser amado, querido o necesitado
- Componente de Acción (sólo uno de estos dos)
  A-Educador o C-Modelo
- Componente de Reacción (sólo uno de estos dos)
  C-Modelo o A-Educador
- Refugio
  I-Territorial
- Recuperación
  D-Especial
- Sombra
  H-Hiperactivo

➢ *Ontotipos* faltantes
E-Explorador / F-Leal / G-Escéptico / J-Armonizador

La persona con este *ontotipo* hace todo por lograr ser elegida y sentirse amada, o querida, o necesitada, sintiendo que sólo si sirve y aconseja a los demás podrá tener una relación.

Sus impulsos son redirigidos hacia el logro de esa ansiada atención y, al no poder establecer relaciones con compromiso en un mismo nivel de reciprocidad, se debilita.

Puede cambiar ese rumbo al integrar sus recursos para conectar con sus emociones a través del Especial y con sus impulsos, deseos y necesidades en el Territorial.

Mediante la integración del Hiperactivo puede ser egoísta y cuidar de sí misma.

C-Modelo

- o Necesidad Primaria (como guía inalterable)
  Ser valorado
- o Componente de Acción (sólo uno de estos dos)
  B-Consejero o D-Especial
- o Componente de Reacción (sólo uno de estos dos)
  D-Especial o B-Consejero
- o Refugio
  J-Armonizador
- o Recuperación
  F-Leal (cuando la CA es el D-Especial)
  G-Escéptico (cuando la CA es el B-Consejero)
- o Pivotes (ambos)
  H-Hiperactivo
  I-Territorial
- ➢ *Ontotipos* faltantes
  A-Educador / E-Explorador

El individuo con este *ontotipo* busca agradar creando máscaras que le permitan ser aceptado según sea la persona que tenga delante de él.

Desde esta perspectiva, cree que su vida está vacía si no logra la aprobación de un público.

Ese "vacío" lo debilita. No obstante, gracias a sus posibles modalidades como Leal o Escéptico, puede fortalecerse, por ejemplo, al dudar acerca de su necesidad de usar máscaras, o de la validez de pertenecer a un grupo, o de la legitimidad de los aplausos que recibe.

Modifica el objeto de su competitividad al cambiar los trofeos por la diversión, con el Hiperactivo, o por la oportunidad de ejercer su poder, con el Territorial. Ambos, competitivos.

D-Especial

- Necesidad Primaria (como guía inalterable)
  Tener identidad
- Componente de Acción (sólo uno de estos dos)
  C-Modelo o E-Explorador
- Componente de Reacción (sólo uno de estos dos)
  E-Explorador o C-Modelo
- Refugio
  B-Consejero
- Recuperación
  A-Educador
- Sombra
  I-Territorial

➢ *Ontotipos* faltantes
F-Leal / G-Escéptico / H-Hiperactivo / J-Armonizador

> En su búsqueda de identidad, la persona con este *ontotipo* emerge de la calidez y comodidad de su mundo interior sólo para intentar obtener un eco que valide su voluntad de compartir sus emociones y sentimientos. El aislamiento la debilita.
>
> Sin embargo, la integración de sus recursos la fortalece cuando se vuelve más social, ocupándose más de los demás y con un diálogo menos profundo, según su Consejero, y al volverse más lógica y racional que emocional y ocuparse de sus obligaciones, en su Educador.
>
> Integrando el Territorial obtiene la agresividad necesaria para manejarse en el mundo exterior.

E-Explorador

- Necesidad Primaria (como guía inalterable)
  Ser experto
- Componente de Acción (sólo uno de estos tres)
  D-Especial o F-Leal o G-Escéptico
- Componente de Reacción (sólo uno de estos tres)
  F-Leal o G-Escéptico o D-Especial
- Refugio
  H-Hiperactivo
- Recuperación
  I-Territorial
- Sombra
  A-Educador

➢ *Ontotipos* faltantes
  B-Consejero / C-Modelo / J-Armonizador

> El individuo con este *ontotipo* le teme al exterior. Analiza en profundidad a la realidad para dejar de temerle, acción que lo lleva a convertirse en un experto en aquello que atrajo su interés.
>
> El costo de tal hazaña es su debilitamiento por causa de tener que aislarse durante mucho tiempo para comprender y dominar a la antes temida realidad.
>
> Puede fortalecerse al revertir esta tendencia mediante la integración de sus recursos, atreviéndose a competir fuera de su mente por diversión o por desafío, según su Hiperactivo y su Territorial.
>
> Al incorporar al Educador se vuelve más activo, responsable y cuidadoso del buen funcionamiento de las cosas.

F-Leal

- Necesidad Primaria (como guía inalterable)
  Tener seguridad
- Componente de Acción (sólo uno de estos dos)
  E-Explorador o H-Hiperactivo
- Componente de Reacción (sólo uno de estos dos)
  H-Hiperactivo o E-Explorador
- Refugio
  C-Modelo
- Recuperación
  J-Armonizador
- Pivotes (ambos)
  A-Educador
  B-Consejero

➢ *Ontotipos* faltantes
D-Especial / G-Escéptico / I-Territorial

La persona con este *ontotipo* busca seguridad fuera de sí misma, porque no confía en ella. Por esto, ingresa a diversos grupos que satisfacen distintos aspectos de su vida. En todos debe haber alguien confiable, al que pueda ver como un guía que se responsabilice por lo que ella hace.

La falta de confianza la debilita. Puede fortalecerse al integrar la facilidad del Armonizador para minimizar conflictos, fluyendo sin tener que controlar, y del Modelo para exponerse a un público.

Además, cuenta con la perspectiva del Educador y el Consejero para tomar decisiones y atreverse al trato social de un modo más activo.

G-Escéptico

- Necesidad Primaria (como guía inalterable)
  Tener estabilidad
- Componente de Acción (sólo uno de estos dos)
  E-Explorador o H-Hiperactivo
- Componente de Reacción (sólo uno de estos dos)
  H-Hiperactivo o E-Explorador
- Refugio
  C-Modelo
- Recuperación
  J-Armonizador
- Pivotes (ambos)
  A-Educador
  B-Consejero

➢ *Ontotipos* faltantes
  D-Especial / F-Leal / I-Territorial

> Al buscar la estabilidad, la persona con este *ontotipo* se muestra muy controladora con el fin de minimizar los riesgos. Esto es así porque no confía en nadie más que en sí misma.
>
> Su debilitamiento es inevitable y difícil de resolver porque, al no confiar en los demás, tampoco le resulta sencillo recibir ayuda.
>
> Se fortalece al poder manejar su envidia, su ansiedad y sus complejos de inferioridad al integrar la calma y el manejo del tiempo del Armonizador, y la seguridad del Modelo para exponerse.
>
> Cuenta con el Educador y el Consejero para estructurarse y tener trato social.

H-Hiperactivo

- Necesidad Primaria (como guía inalterable)
  Ser feliz
- Componente de Acción (sólo uno de estos tres)
  F-Leal o G-Escéptico o I-Territorial
- Componente de Reacción (sólo uno de estos tres)
  I-Territorial o F-Leal o G-Escéptico
- Refugio
  A-Educador
- Recuperación
  E-Explorador
- Sombra
  B-Consejero

➢ *Ontotipos* faltantes
  B-Consejero / C-Modelo / D-Especial / J-Armonizador

> El individuo con este *ontotipo* busca ser feliz, creyendo que podrá serlo si logra mantenerse entretenido. Su mente ágil, plena de ideas y proyectos, lo mantiene alejado del presente y le impide disfrutar del momento que estaba planeando, sin ver que "escapar" de su hoy tiene un costo emocional que lo debilita. Esto lo puede cambiar al integrar una modalidad menos lúdica, más estructurada y más organizada como la del Educador, así como una modalidad capaz de enfocarse y terminar los proyectos que inicia, como la del Explorador.
>
> La integración del Consejero le permite dejar aparte su voracidad, para dirigir su atención y cuidados a los demás.

I-Territorial

- Necesidad Primaria (como guía inalterable)
  Tener poder
- Componente de Acción (sólo uno de estos dos)
  H-Hiperactivo o J-Armonizador
- Componente de Reacción (sólo uno de estos dos)
  J-Armonizador o H-Hiperactivo
- Refugio
  E-Explorador
- Recuperación
  B-Consejero
- Sombra
  D-Especial

➢ *Ontotipos* faltantes
A-Educador / C-Modelo / F-Leal / G-Escéptico

> La persona con este *ontotipo* se muestra arrolladora, poderosa e intimidante, sin exponer alguna emocionalidad ni puntos vulnerables. Cree que siendo rígido podrá ejecutar mejor sus batallas y tener más conquistas. Sin embargo, la rigidez sólo le aporta fragilidad y lo debilita, sobre todo en el plano afectivo y social.
>
> Se fortalece cuando incorpora tanto la pausa inteligente entre los estímulos y sus respuestas, como la flexibilidad y la consideración, integrando la modalidad del Explorador y del Consejero.
>
> Al integrar la modalidad del Especial, acepta su vulnerabilidad y puede mostrar su parte sensible y emocional sin reservas.

J-Armonizador

- Necesidad Primaria (como guía inalterable)
  Tener paz y armonía
- Componente de Acción (sólo uno de estos dos)
  I-Territorial o A-Educador
- Componente de Reacción (sólo uno de estos dos)
  A-Educador o I-Territorial
- Refugio
  F-Leal (cuando la CA es el I-Territorial)
  G-Escéptico (cuando la CA es el A-Educador)
- Recuperación
  C-Modelo
- Pivotes (ambos)
  D-Especial
  E-Explorador

➢ *Ontotipos* faltantes
B-Consejero / H-Hiperactivo

> Al buscar paz y armonía, el individuo con este *ontotipo* cree poder lograrlas al negar, minimizar o posponer los conflictos, adaptándose dependiente y pasivamente, en vez de actuar para buscar una solución. Esto lo debilita porque queda ausente.
>
> Se fortalece al integrar tanto la modalidad del Leal o del Escéptico, siendo más responsable y estructurado, con sus pies en la tierra, como con la del Modelo, mediante la cual se expone, actúa y exige respuestas, dejando de evitar conflictos.
>
> Además, amplía su perspectiva sobre la vida, con el análisis del Explorador y la sensibilidad del Especial.

Observa que, en la lista precedente, agregué un elemento "*Ontotipos* faltantes" para poner en evidencia que no todos tenemos lo mismo que todos, ni somos iguales.

Además, fíjate que a los *ontotipos* C-Modelo y J-Armonizador sólo les faltan características y modalidades de otros dos *ontotipos*, en tanto que a los *ontotipos* E-Explorador, F-Leal y G-Escéptico les faltan tres y al resto les faltan cuatro.

Algo a tener en cuenta al relacionarnos.

Todas estas combinaciones son las esenciales, aunque sabemos que la Componente de Reacción (CR) surge como la respuesta de cada ser ante la intolerancia del medio de la Componente de Acción (CA) original.

Permíteme traerte a tu consciencia los tres agrupamientos que te presenté anteriormente.

Cada uno de ellos puede verse como una tríada de fuerzas en la que cada una de ellas busca ser más que las otras dos.

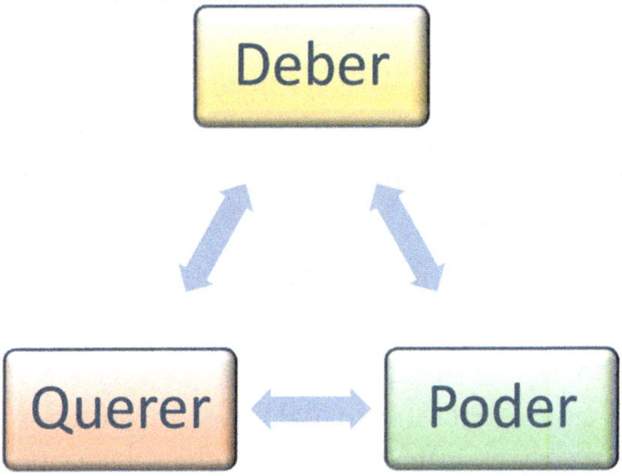

Fig. 13 – Fuerzas rectoras en los grupos de *ontotipos*

Esto que parece tan simple y obvio puede llegar a requerir un nuevo análisis.

Sobre todo, cuando te das cuenta de que en el medio de esas fuerzas estás tú, con tus grados de libertad para maniobrar restringidos por las exigencias y conveniencias de la realidad externa.

Observa la siguiente figura.

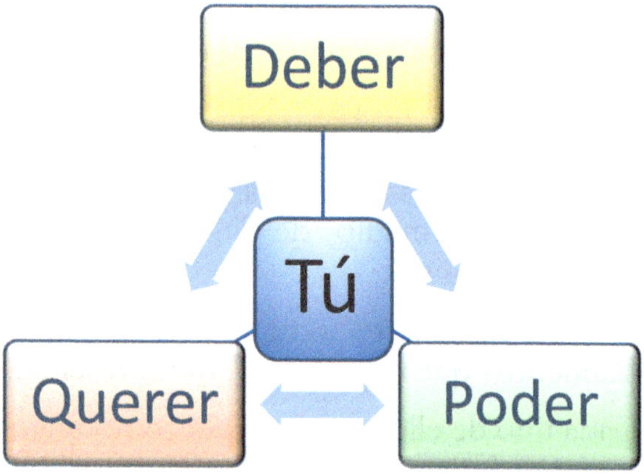

Fig. 14 - Fuerzas rectoras en equilibrio

Obviamente, lo representado en la Fig. 14 es una situación ideal a la cual sólo se puede llegar por aproximación, después de muchos intentos y esfuerzo.

Al ser de un *ontotipo* determinado, tienes tendencia a prestarle más atención a una sola de esas fuerzas.

A esta situación normal, esencial y tuya, súmale el interés de tu entorno en que cumplas con lo que se espera de ti, lo cual puede manifestarse tanto exacerbando tu característica natural como intentando que la misma no surja o no se manifieste.

Allí tienes la ecuación del desequilibrio, en frente tuyo y tironeando de tu ser con toda su fuerza.

Pero esta sección se titula "La magia está en ti", que puede interpretarse como "La solución está en ti" o, también, "El acceso al equilibrio está en ti".

En la lista con la relación de recursos existente en cada *ontotipo*, están los nombres de las "modalidades" a las que recurre la mente para poder responder a las exigencias y contingencias de la vida.

En todos los *ontotipos*, los recursos funcionan como contrapesos de aquello que puede estar haciendo que te apartes de tu eje.

Si lo que te quita de tu centro es un exceso de emocionalidad, de racionalidad o de facilidad para pasar a la acción, tienes recursos. Tanto para desactivar esa característica que te desequilibra como para intentar recuperar tu balance con un poco de reglas, rutinas y estructura, o con vida social, fiesta y competencia, o con expresión artística y relaciones con calidad afectiva.

Cada *ontotipo* está, por decirlo de alguna manera, con el equipamiento completo.

Pensando en que las componentes de acción y de reacción podrían no estar presentes, recae en el Refugio y la Recuperación la mayor carga en lo que a recuperar el equilibrio se refiere.

Desde este punto de vista, pareciera haber dos excepciones, el B-Consejero y el H-Hiperactivo.

Al respecto, el B-Consejero, siendo del grupo de la oportunidad y social, tiene su Refugio y su

Recuperación en *ontotipos* emocionales, del querer, no del deber.

Análogamente, el H-Hiperactivo, siendo social, y competitivo, tiene su Refugio y su Recuperación en *ontotipos* estructurados, normativos, del deber, no emocionales, del querer.

El B-Consejero puede acceder a su equilibrio cuando logra rescatar e integrar su Sombra, el *ontotipo* H-Hiperactivo, que es una versión distinta de lo que significa ser social, con énfasis en el dejar de estar al pendiente de la respuesta de los demás y no enfocarse en los servicios que brinda.

En tanto que el H-Hiperactivo puede acceder a su equilibrio cuando logra rescatar e integrar su Sombra, el *ontotipo* B-Consejero, que es una versión diferente del ser social, deteniéndose a observar y recibir a la gente que atiende o le da sus servicios.

> Cuando reconoces a la totalidad de tus recursos y te habitúas a utilizarlos de un modo dinámico, ganas en flexibilidad y creatividad para generar respuestas acordes a tu Ser.

Me has permitido acompañarte en este proceso de descubrimiento personal previo a que te fortalezcas siendo tú y hemos llegado juntos a este momento en el que descubrimos que de esto se ha tratado este libro.

> Solamente puedes ganar
> cuando creces desde ti.

Claro está que esta nueva consciencia cambia tu observador.

Lo que ganas, después de tanto esfuerzo para crecer de un modo diferente, no puede coincidir con lo que esperan de ti la sociedad normativa o algunos grupos a los que pudieras pertenecer.

Cuando creces desde ti, pensando fuera de la caja, lo que ganas es la oportunidad de ser tú, fuerte, libre, en equilibrio, alguien difícil de ser controlado porque te has ido completando al reconocer que nada te faltaba para poder vivir.

Crecer para Ganar,
pensando fuera de la caja,
es Crecer para Ser
como Tú Eres

¡Disfruta tu encuentro contigo y nos leemos la próxima!

Otros libros del mismo autor

- ✓ OntoPsiquis, más allá del eneagrama y el psicoanálisis – Tomo I – La esencia de tu Ser
  Co-autora: Dra. Claudia Behn-Eschenburg
  ISBN 978-1-734186-79-6

- ✓ OntoPsiquis, más allá del eneagrama y el psicoanálisis – Tomo II – Tus fortalezas dinámicas
  Co-autora: Dra. Claudia Behn-Eschenburg
  ISBN 978-1-961728-02-8

- ✓ Nosotros: Manual para comprender tu vida
  ISBN 978-1-961728-10-3

Libros de la serie OntoPsiquis

- ✓ Familia: Los 7 secretos para tu mejor vida familiar.
  Autora: Dra. Claudia Behn-Eschenburg
  ISBN 978-1-961728-03-5

THINSCEN

Made in the USA
Monee, IL
19 October 2026

66035577R00075